中财传媒版 2025 年度全国会计专业
辅导系列丛书 · *注定会*

初级会计实务**要点随身记**

财政部中国财经出版传媒集团　　组织编写

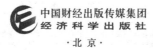

中国财经出版传媒集团
经济科学出版社
· 北 京 ·

图书在版编目（CIP）数据

初级会计实务要点随身记／财政部中国财经出版传媒集团组织编写. -- 北京：经济科学出版社，2024. 12. --（中财传媒版2025年度全国会计专业技术资格考试辅导系列丛书）. -- ISBN 978-7-5218-6535-6

Ⅰ. F233

中国国家版本馆 CIP 数据核字第 20246XK867 号

责任校对：王京宁　　　　责任印制：张佳裕　邱　天

初级会计实务要点随身记
CHUJI KUAIJI SHIWU YAODIAN SUISHENJI

财政部中国财经出版传媒集团　组织编写

经济科学出版社出版、发行　新华书店经销

社址：北京市海淀区阜成路甲 28 号　邮编：100142

总编部电话：010 - 88191217　发行部电话：010 - 88191522

天猫网店：经济科学出版社旗舰店

网址：http://jjkxcbs.tmall.com

北京鑫海金澳胶印有限公司印装

850×1168　64 开　4.75 印张　160000 字

2024 年 12 月第 1 版　2024 年 12 月第 1 次印刷

ISBN 978 - 7 - 5218 - 6535 - 6　定价：28.00 元

（图书出现印装问题，本社负责调换。电话：010 - 88191545）

（打击盗版举报热线：010 - 88191661，QQ：2242791300）

前　　言

　　2025年度全国会计专业技术初级资格考试大纲已经公布，辅导教材也已正式出版发行。与2024年度相比，新考试大纲及辅导教材的内容都有所变化。为了帮助考生准确理解和掌握新大纲和新教材的内容、顺利通过考试，中国财经出版传媒集团本着为广大考生服务的态度，严格按照新大纲和新教材内容，组织编写了中财传媒版2025年度全国会计专业技术资格考试辅导"注定会赢"系列丛书。

　　该系列丛书包含5个子系列，共9本图书，具有重点把握精准、难点分析到位、题型题量丰富、模拟演练逼真等特点。本书属于"要点随身记"子系列，以携带方便为特点，进一步将教材中重要、易考、难以记忆的知识点进行归纳总结，以图表形式展现，帮助考生随时随地加深记忆。

　　中国财经出版传媒集团旗下"中财云知"App为购买本书的考生提供线上增

值服务。考生使用微信扫描封面下方的防伪码并激活下载 App 后，可免费享有课程讲解、题库练习、学习答疑、每日一练等增值服务。

全国会计专业技术资格考试是我国评价选拔会计人才、促进会计人员成长的重要渠道，是中国式现代化人才战略的重要组成部分。希望广大考生在认真学习教材内容的基础上，结合本丛书准确理解和全面掌握应试知识点内容，顺利通过 2025 年会计资格考试，在会计事业发展中不断取得更大进步，为中国式现代化建设贡献更多力量！

书中如有疏漏和不当之处，敬请批评指正。

财政部中国财经出版传媒集团

2024 年 12 月

目　　录

第一章 概　述

☞ 掌握会计的概念

☞ 掌握会计的职能

☞ 掌握会计的目标

☞ 掌握会计的基本假设

☞ 掌握权责发生制与收付实现制

☞ 掌握会计信息质量要求

☞ 掌握会计人员职业道德规范

☞ 熟悉企业会计准则体系概述

☞ 熟悉政府会计准则体系概述

🎓 【要点1】会计的概念（掌握）

项目	内　　容
会计的概念	现代会计是以货币为主要计量单位，采用专门方法和程序，对企业和行政、事业单位的经济活动过程及其结果进行准确完整、连续系统的核算和监督，以如实反映受托责任履行情况和提供有用经济信息为主要目的的经济管理活动

⏱ 学习心得 ....

....

....

....

....

【要点2】会计的职能（掌握）

职能类别	分类	内　容
基本职能	会计核算	是指会计以货币为主要计量单位，对特定主体的经济活动进行确认、计量、记录和报告
	会计监督	会计监督可分为单位内部监督、国家监督和社会监督等三部分，三者共同构成了"三位一体"的会计监督体系
		单位内部的会计监督职能是指会计机构、会计人员对其特定主体经济活动和相关会计核算的真实性、完整性、合法性和合理性进行审查，使之达到预期经济活动和会计核算目标的功能
		会计的国家监督是指财政、审计、税务、金融管理等部门依照有关法律、行政法规规定对各有关单位会计资料的真实性、完整性、合法性等实施的监督检查并出具检查结论
		会计的社会监督是指以注册会计师为主体的社会中介机构等实施的监督活动

续表

职能类别	分类	内　容
拓展职能	预测经济前景	是指根据财务报告等提供的信息，定量、定性地判断和推测经济活动的发展变化规律，以指导和调节经济活动，提高经济效益
	参与经济决策	是指根据财务报告等提供的信息资料，运用定量分析和定性分析方法，对备选方案进行经济可行性分析，为企业经营管理等提供决策相关的信息
	评价经营业绩	是指利用财务报告等提供的会计资料，采用适当的方法，对企业一定经营期间的资产运营、经济效益等经营成果，对照相应的评价标准，进行定量及定性对比分析并作出综合评价

提示　　两项基本职能会计核算与会计监督是相辅相成、辩证统一的。会计核算是会计监督的基础，没有核算提供的各种系统性会计资料，监督就失去了依据；会计监督又是会计核算质量的保障，只有核算没有监督，就难以保证核算提供信息的质量。

【要点3】会计的目标（掌握）

项目	内　　容
会计的基本目标	向财务报告使用者提供企业财务状况、经营成果和现金流量等有关的会计资料和信息，反映企业管理层受托责任履行情况，有助于财务报告使用者作出经济决策，达到不断提高企业事业单位乃至经济社会整体的经济效益和效率的目的和要求
会计更高层面的目标	规范会计行为，保证会计资料真实、完整，加强经济管理和财务管理，提高经济效益，维护社会主义市场经济秩序，为市场在资源配置中起决定性作用和更好发挥政府作用提供基础性保障，实现经济高质量发展

提示　会计目标的实现状况及其结果主要表现为会计的经济后果，即反映受托责任的履行情况和有助于作出经济决策以及维护经济秩序、提高经济效益等。

【要点4】会计的基本假设（掌握）

项目	内　　容
会计主体	是指会计工作服务的特定对象，是企业会计确认、计量、记录和报告的空间范围。在会计主体假设下，企业应当对其本身发生的交易或事项进行会计确认、计量、记录和报告，反映企业本身所从事的各项生产经营活动和其他相关活动
持续经营	是指在可以预见的将来，企业将会按当前的规模和状态继续经营下去，不会停业，也不会大规模削减业务。 在持续经营假设下，会计确认、计量、记录和报告应当以企业持续、正常的生产经营活动为前提
会计分期	是指将一个企业持续经营的生产经营活动划分为一个个连续的、长短相同的期间。会计分期的目的，是据以分期结算盈亏，按期编报财务报告，从而及时向财务报告使用者提供有关企业财务状况、经营成果和现金流量的信息
货币计量	是指会计主体在会计确认、计量、记录和报告时主要以货币作为计量单位，来反映会计主体的生产经营活动过程及其结果。 货币是商品的一般等价物，是衡量一般商品价值的共同尺度，具有价值尺度、流通手段、贮藏手段和支付手段等特点

【要点5】权责发生制与收付实现制（掌握）

内容	权责发生制	收付实现制
定义	是以取得收取款项的权利或支付款项的义务为标志来确定本期收入和费用的会计核算基础	是指以现金的实际收付为标志来确定本期收入和费用的会计核算基础
说明	凡是当期已经实现的收入和已经发生或者应当负担的费用，无论款项是否收付，都应当作为当期的收入和费用，计入利润表；凡是不属于当期的收入和费用，即使款项已在当期收付，也不应当作为当期的收入和费用。即实际发生	凡是当期实际收支的款项，无论款项是否属于当期，都应当作为当期的收入和费用；凡是当期未收支的款项，即使款项属于当期，也不应当作为当期的收入和费用。即以收到或支付的现金作为确认收入和费用的依据。即实际收支
适用范围	企业会计	政府会计中的预算会计；工会会计、社会保险基金等基金（资金）会计

续表

内容	权责发生制	收付实现制
会计处理结果差异	相较于收付实现制，权责发生制下会计处理较为复杂，其会计处理结果存在一定的差异。在交易或者事项的发生时间与相关款项收付时间不一致时产生两种会计核算基础下确认的利润差额	

学习心得

【要点6】 会计信息质量要求（掌握）

要求	内容	作用
可靠性	要求企业应当以实际发生的交易或者事项为依据进行确认、计量、记录和报告，如实反映符合确认和计量要求的各项会计要素及其他相关信息，保证会计信息真实可靠、内容完整	是高质量会计信息的重要基础和关键所在
相关性	要求会计信息应当与财务会计报告使用者的经济决策需要相关，有助于财务会计报告使用者对企业过去、现在或者未来的情况作出评价或者预测	具有反馈价值和预测价值
可理解性	要求会计信息应当清晰明了，便于投资者等财务报告使用者理解和使用	让使用者理解会计信息的内涵以使其有效使用会计信息
可比性	要求会计信息应相互可比：即同一企业不同时期可比；不同企业相同会计期间可比。即横向可比 + 纵向可比	确保会计信息口径一致、相互可比

续表

要求	内容	作用
实质重于形式	要求按照交易或者事项的经济实质进行会计确认、计量、记录和报告，不仅仅以交易或事项的法律形式为依据	注重经济实质，不局限于法律形式，如企业租入的资产（短期租赁和低价值资产租赁除外）
重要性	要求会计信息应当反映与企业财务状况、经营成果和现金流量有关的所有重要交易或事项	重要性的应用需要依赖职业判断，企业应当根据其所处环境和实际情况，从项目的功能、性质和金额大小等多方面加以判断
谨慎性	要求企业对交易或事项进行会计确认、计量、记录和报告应当保持应有的谨慎，不应高估资产或者收益、低估负债或者费用	企业在面临不确定性因素的情况下作出职业判断时，应当保持应有的谨慎，充分估计到各种风险和损失，既不高估资产或者收益，也不低估负债或者费用
及时性	要求企业对于已经发生的交易或事项，应当及时进行确认、计量、记录和报告，不得提前或延后	及时收集会计信息，及时处理会计信息，及时传递会计信息

【要点7】会计职业道德规范及其内容（掌握）

	项目	具体内涵	地位
会计职业道德的内容	坚持诚信，守法奉公	牢固树立诚信理念，以诚立身、以信立业，严于律己、心存敬畏。学法知法守法，公私分明、克己奉公，树立良好职业形象，维护会计行业声誉	自律要求
	坚持准则，守责敬业	严格执行准则制度，保证会计信息真实完整。勤勉尽责、爱岗敬业，忠于职守、敢于斗争，自觉抵制会计造假行为，维护国家财经纪律和经济秩序	履职要求
	坚持学习，守正创新	始终秉持专业精神，勤于学习、锐意进取，持续提升会计专业能力。不断适应新形势新要求，与时俱进、开拓创新，努力推动会计事业高质量发展	发展要求

续表

项目		具体内容
会计职业道德的相关规定	增强会计人员诚信意识	强化会计职业道德意识
		加强会计诚信教育
	建设会计人员信用档案	建立严重失信会计人员"黑名单"制度
		建立会计人员信用信息管理制度
		完善会计人员信用信息管理制度
	会计职业道德管理的组织实施	组织领导
		广泛宣传
		褒奖守信会计人员
	建立健全会计职业联合惩戒机制	罚款、限制从事会计工作、追究刑事责任等惩戒措施
		记入会计从业人员信用档案
		将会计领域违法失信当事人信息通过财政部网站、"信用中国"网站予以发布,同时协调相关互联网信息服务单位向社会公布
		……

【要点8】企业会计准则体系概述（熟悉）

体系分类	内容	适用范围	组成内容
企业会计准则体系	企业会计准则体系	适用于上市公司、金融机构、国有企业	主要包括1项基本准则、42项具体准则及其应用指南、18项企业会计准则解释、10余项会计处理规定
	小企业会计准则	适用于符合《中小企业划型标准规定》所规定的小型企业标准的企业，但以下三类小企业除外：（1）股票或债券在市场上公开交易的小企业；（2）金融机构或其他具有金融性质的小企业；（3）企业集团内的母公司和子公司	主要包括《小企业会计准则》和针对某些特定行业某项或某类业务的会计处理规定，如《律师事务所相关业务会计处理规定》

【要点9】政府会计准则体系概述（熟悉）

体系分类	内容	适用范围	组成内容
政府会计准则制度体系	政府会计准则体系	适用于政府会计主体，主要包括各级政府、各部门、各单位（军队和已纳入企业财务管理体系的单位和执行《民间非营利组织会计制度》的社会团体，其会计核算不适用政府会计准则制度体系）	主要包括1项基本准则、10项具体准则、2项应用指南和7项政府会计准则制度解释
	政府会计制度	—	主要包括政府财政总预算会计制度和政府单位会计制度

提示　　根据会计主体的不同，我国统一的会计核算制度体系主要包括企业会计准则，政府会计准则制度，以及民间非营利组织会计制度、基金（资金）类会计制度、农村集体经济组织会计制度等。

学习心得

第二章　会计基础

☞ 掌握会计要素及其分类

☞ 掌握会计计量属性

☞ 掌握经济业务对会计等式的影响

☞ 掌握会计科目及其分类与设置

☞ 掌握账户及其分类与结构

☞ 掌握复式记账法原理

☞ 掌握借贷记账法下的账户结构与记账规则

☞ 掌握借贷记账法下的账户对应关系与会计分录

☞ 掌握借贷记账法下的试算平衡

☞ 掌握原始凭证与记账凭证

☞ 掌握会计凭证的审核与保管

☞ 掌握会计账簿的登记与保管

☞ 掌握记账凭证账务处理程序
☞ 掌握财产清查的方法
☞ 掌握财产清查结果的会计处理
☞ 掌握会计数据处理和应用
☞ 熟悉会计账簿及其分类
☞ 熟悉汇总记账凭证账务处理程序
☞ 熟悉科目汇总表账务处理程序
☞ 熟悉财产清查及其程序
☞ 熟悉财产清查的种类

【要点1】会计要素（掌握）

要素分类	会计要素	性质
反映企业财务状况的要素	资产	资产负债表要素
	负债	
	所有者权益	
反映企业经营成果的要素	收入	利润表要素
	费用	
	利润	

【要点2】会计要素的确认条件（掌握）

会计要素	项目	具体内容
资产	定义	指企业过去的交易或者事项形成的，由企业拥有或者控制的，预期会给企业带来经济利益的资源
	特征	（1）应为企业拥有或者控制的资源； （2）预期会给企业带来经济利益； （3）是由企业过去的交易或者事项形成的
	确认条件	（1）与该资源有关的经济利益很可能流入企业； （2）该资源的成本或者价值能够可靠地计量
	分类和内容	（1）流动资产，包括货币资金、交易性金融资产、衍生金融资产、应收票据、应收账款、应收款项融资、预付款项、其他应收款、存货、合同资产、持有待售资产、一年内到期的非流动资产、其他流动资产； （2）非流动资产，包括债权投资、其他债权投资、长期应收款、长期股权投资、其他权益工具投资、其他非流动金融资产、投资性房地产、固定资产、在建工程、生产性生物资产、油气资产、使用权资产、无形资产、开发支出、商誉、长期待摊费用、递延所得税资产、其他非流动资产

续表

会计要素	项目	具体内容
负债	定义	企业过去的交易或者事项形成的，预期会导致经济利益流出企业的现时义务
	特征	(1) 是企业承担的现时义务； (2) 预期会导致经济利益流出企业； (3) 是由企业过去的交易或者事项形成的
	确认条件	(1) 与该义务有关的经济利益很可能流出企业； (2) 未来流出的经济利益的金额能够可靠地计量
	分类和内容	(1) 流动负债，包括短期借款、交易性金融负债、衍生金融负债、应付票据、应付账款、预收款项、合同负债、应付职工薪酬、应交税费、其他应付款、持有待售负债、一年内到期的非流动负债、其他流动负债； (2) 非流动负债，包括长期借款、应付债券、租赁负债、长期应付款、预计负债、递延收益、递延所得税负债、其他非流动负债

※ 注意：未来发生的承诺、签订的合同等交易和事项，不形成负债

续表

会计要素	项目	具体内容
所有者权益	定义	指企业资产扣除负债后，由所有者享有的剩余权益
	特征	是所有者对企业资产的剩余索取权，既可反映所有者投入资本的保值增值情况，又体现了保护债权人权益的理念
	确认条件	确认和计量主要依赖于资产和负债的确认和计量
收入	定义	指企业在日常活动中形成的、会导致所有者权益增加的、与所有者投入资本无关的经济利益的总流入
	特征	（1）收入是企业在日常活动中形成的； （2）收入是与所有者投入资本无关的经济利益的总流入； （3）收入会导致所有者权益的增加

会计要素	项目	具体内容
收入	确认条件	(1) 合同各方已批准该合同并承诺将履行各自义务； (2) 该合同明确了合同各方与所转让商品或提供劳务相关的权利和义务； (3) 该合同有明确的与所转让商品或提供劳务相关的支付条款； (4) 该合同具有商业实质，即履行该合同将改变企业未来现金流量的风险、时间分布或金额； (5) 企业因向客户转让商品或提供劳务而有权取得的对价很可能收回
费用	定义	指企业在日常活动中发生的、会导致所有者权益减少的、与向所有者分配利润无关的经济利益的总流出
	特征	(1) 费用是企业在日常活动中形成的； (2) 费用是与向所有者分配利润无关的经济利益的总流出； (3) 费用会导致所有者权益的减少
	确认条件	(1) 与费用相关的经济利益很可能流出企业； (2) 经济利益流出企业的结果会导致资产的减少或者负债的增加； (3) 经济利益的流出额能够可靠计量

续表

会计要素	项目	具体内容
利润	定义	指企业在一定会计期间的经营成果
	特征	包括收入减去费用后的净额、直接计入当期利润的利得和损失等。 (1) 收入减去费用后的净额反映的是企业日常活动的业绩; (2) 利得和损失由企业非日常活动所形成,会导致所有者权益发生增减变动,与所有者投入资本或者向所有者分配利润无关
	确认条件	主要依赖于收入和费用,以及利得和损失的确认,其金额的确定主要取决于收入、费用、利得和损失金额的计量

提示

收入强调的是日常活动、总流入;费用强调的是日常活动、总流出;利得强调的是非日常活动、净流入;损失强调的是非日常活动、净流出。

【要点3】会计计量属性（掌握）

计量属性	概　　念
历史成本	又称为"实际成本"，指取得或制造某项财产物资实际支付的现金或现金等价物
重置成本	又称为"现行成本"，指按照当前市场条件，重新取得同样一项资产所需支付的现金或现金等价物金额
可变现净值	指在生产经营过程中，以预计售价减去进一步加工成本和销售所必需的预计税金、费用后的净值
现值	指对未来现金流量以恰当的折现率进行折现后的价值，是考虑货币时间价值因素等的一种计量属性
公允价值	指市场参与者在计量日发生的有序交易中，出售一项资产所能收到或者转移一项负债所需支付的价格

【要点4】会计等式（掌握）

项目	内容			说明
财务状况等式	资产 = 负债 + 所有者权益			该等式也被称为基本会计等式或静态会计等式，它是复式记账法的理论基础，也是编制资产负债表的依据
业务类型	一增一减			资产内部变动
	增加	增加		资产权益同增加
	增加		增加	
	减少	减少		资产权益同减少
	减少		减少	
		一增一减		负债内部变动
		增加	减少	权益内部变动
		减少	增加	
			一增一减	所有者权益内部变动

续表

项目	内容	说明
经营成果等式	收入 – 费用 = 利润	该等式也被称为动态会计等式。等式中所列的收入、费用和利润之间的关系，是编制利润表的依据

学习心得

【要点5】借贷记账法的记账规则（掌握）

项目	内　　容			
定义	借贷记账法，是以"借"和"贷"作为记账符号的一种复式记账法			
理论基础	资产 = 负债 + 所有者权益			
记账规则	有借必有贷，借贷必相等			
账户类别	账户结构	余额	期末余额计算	
资产类、成本类	"借"增，"贷"减	一般在借方	期末借方余额 = 期初借方余额 + 本期借方发生额 – 本期贷方发生额	
负债类、所有者权益类	"贷"增，"借"减	一般在贷方	期末贷方余额 = 期初贷方余额 + 本期贷方发生额 – 本期借方发生额	

续表

项目			内　容	
账户类别		账户结构	余额	期末余额计算
损益类	收入类	"贷"增，"借"减	期末结转入"本年利润"账户计算当期损益，结转后无余额	—
	费用类	"借"增，"贷"减		

🕐 **学习心得** ··

··

··

··

··

【要点6】借贷记账法下的试算平衡（掌握）

分类	公式	直接依据
发生额试算平衡	全部账户本期借方发生额合计＝全部账户本期贷方发生额合计	借贷记账法的记账规则，即"有借必有贷，借贷必相等"
余额试算平衡	全部账户借方期末（初）余额合计＝全部账户贷方期末（初）余额合计	财务状况等式，即：资产＝负债＋所有者权益

【要点7】会计凭证的内容（熟悉）

项目		具体内容
概念		是指记录经济业务发生或者完成情况的书面证明，是登记账簿的依据
展现形式		包括纸质会计凭证和电子会计凭证两种
程序和用途分类	原始凭证	是指在经济业务发生或完成时取得或填制的，用以记录或证明经济业务的发生或完成情况的原始凭据
	记账凭证	是指会计人员根据审核无误的原始凭证，按照经济业务的内容加以归类，并据以确定会计分录后填制的会计凭证，作为登记账簿的直接依据

【要点 8】原始凭证的分类（掌握）

分类标准	种类	内容	应用
按取得来源	自制原始凭证	本单位有关部门和人员，在经办或完成某项经济业务时填制的原始凭证	领料单、产品入库单、借款单
	外来原始凭证	在经济业务发生或完成时，从其他单位或个人直接取得的原始凭证	增值税专用发票、飞机票、火车票和餐饮费发票
按格式	通用凭证	由有关部门统一印制、在一定范围内使用的具有统一格式和使用方法的原始凭证	银行转账结算凭证、增值税专用发票
	专用凭证	由单位自行印制的原始凭证	领料单、差旅费报销单、折旧计算表、工资费用分配表

续表

分类标准	种类	内容	应用
按填制的手续和内容	一次凭证	一次填制完成，只记录一笔经济业务且仅一次有效的原始凭证	收据、收料单、发货票、银行结算凭证
	累计凭证	在一定时期内多次记录发生的同类经济业务且多次有效的原始凭证	限额领料单
	汇总凭证	对一定时期内反映经济业务内容相同的若干张原始凭证，按照一定标准综合填制的原始凭证	发料凭证汇总表

【要点9】记账凭证的分类（掌握）

凭证种类	概念	作用
收款凭证	指用于记录库存现金和银行存款收款业务的记账凭证	是登记库存现金日记账、银行存款日记账以及有关明细分类账和总分类账等账簿的依据，也是出纳人员收讫款项的依据
付款凭证	指用于记录库存现金和银行存款付款业务的记账凭证	是登记库存现金日记账、银行存款日记账以及有关明细分类账和总分类账等账簿的依据，也是出纳人员支付款项的依据
转账凭证	指用于记录不涉及库存现金和银行存款业务的记账凭证	是登记有关明细分类账和总分类账等账簿的依据

【要点10】原始凭证的审核要求（熟悉）

要求	具体内容
真实性	凭证日期是否真实、业务内容是否真实、数据是否真实等。签章必须齐全。对通用原始凭证，还应审核凭证本身的真实性
合法性、合理性	凭证所记录经济业务是否符合国家法律法规，是否履行了规定的凭证传递和审核程序；所记录经济业务是否符合企业经济活动的需要、是否符合有关的计划和预算等
完整性	凭证各项基本要素是否齐全，是否有漏项情况，日期是否完整，数字是否清晰，文字是否工整，有关人员签章是否齐全，凭证联次是否正确等
正确性	（1）接受原始凭证单位的名称是否正确；（2）金额的填写和计算是否正确；（3）更正是否正确

 提示　与记账凭证的审核要求对比掌握。

【要点11】记账凭证的审核要求（掌握）

项目	内　　容
审核的 主要 内容	（1）记账凭证是否有原始凭证为依据，所附原始凭证或原始凭证汇总表的内容与记账凭证的内容是否一致； （2）记账凭证各项目的填写是否齐全，如日期、凭证编号、摘要、会计科目、金额、所附原始凭证张数及有关人员签章等； （3）记账凭证的应借、应贷科目以及对应关系是否正确； （4）记账凭证所记录的金额与原始凭证的有关金额是否一致，计算是否正确； （5）记账凭证中的记录是否文字工整、数字清晰，是否按规定进行更正等； （6）出纳人员在办理收款或付款业务后，是否已在原始凭证上加盖"收讫"或"付讫"的戳记
要求	使用会计软件进行会计核算的单位，对于机制记账凭证，要认真审核，做到会计科目使用正确，数字准确无误； 对于具有明晰审核规则的机制记账凭证，可以将审核规则嵌入会计软件，由会计软件自动审核

【要点12】会计凭证的保管（熟悉）

项目	内　　容
概念	指会计凭证记账后的整理、装订、归档和存查工作
重要性	会计凭证作为记账的依据，是重要的会计档案和经济资料
保管要求	（1）会计凭证登记完毕后，应当按照分类和编号顺序保管，不得散乱丢失； （2）记账凭证应当连同所附的原始凭证或者原始凭证汇总表，按照编号顺序进行整理保管； （3）原始凭证一般不得外借，根据国家有关规定必须借出的，应当严格按照规定办理相关手续； （4）原始凭证如有遗失，应当取得原开出单位盖有公章的证明，并注明原来凭证的号码、金额和内容等，由经办单位会计机构负责人（会计主管人员）和单位负责人或其授权人员批准后，代作原始凭证

提示　　如因特殊原因需要使用原始凭证时，经本单位会计机构负责人（会计主管人员）批准，可以复制。向外单位提供的原始凭证复制件，应当在专设的登记簿上登记，并由提供人员和收取人员共同签名或者盖章。

【要点13】会计账簿的分类（熟悉）

分类依据	种类	内 容	
按用途	序时账簿（日记账）	按照经济业务发生时间的先后顺序逐日、逐笔登记的账簿	应用：库存现金日记账和银行存款日记账，一般采用三栏式，必须是订本账
	分类账簿	总分类账簿，为编制财务报表提供直接数据资料，通常为订本账簿，采用三栏式；根据记账凭证或记账凭证汇总表登记	
		明细分类账簿，通常为活页账、卡片账，采用三栏式、多栏式、数量金额式；根据记账凭证和原始凭证登记	
	备查账簿	对其他账簿记录的补充，没有固定格式	应用：租入固定资产登记簿、代管商品物资登记簿

续表

分类依据	种类	内 容	
按账页格式	三栏式账簿	设有借方、贷方和余额三个金额栏目	应用：各种日记账、总账以及资本、债权、债务明细账
	多栏式账簿	在账簿的两个金额栏（借方和贷方）按需要分设若干专栏	应用：收入、成本、费用明细账
	数量金额式账簿	在账簿的借方、贷方和余额每个栏目内再分设数量、单价和金额三小栏	应用：原材料、库存商品等明细账
按外形特征	订本式账簿	优点是能避免账页散失和防止抽换账页；缺点是不能准确为各账户预留账页	应用：总分类账、库存现金日记账和银行存款日记账
	活页式账簿	优点是便于分工记账；缺点是可能会造成账页散失或故意抽换账页	应用：明细分类账
	卡片式账簿	设专用卡片箱，根据需要随时增添账页	应用：固定资产卡片、材料卡片

【要点 14】会计账簿的登记要求（掌握）

要求	具体操作
登记内容完整	账簿记录中的日期，应填写记账凭证上的日期；以自制原始凭证（如收料单、领料单等）作为记账依据的，账簿记录中的日期应按自制凭证上的日期填列
登记账簿必须使用蓝黑墨水或碳素墨水书写，不得使用圆珠笔（银行的复写账簿除外）或者铅笔书写	以下情况可以使用红色墨水记账： （1）按照红字冲账的记账凭证，冲销错误记录； （2）在不设借贷等栏的多栏式账页中，登记减少数； （3）在三栏式账户的余额栏前，如未印明余额方向的，在余额栏内登记负数余额； （4）国家统一的会计制度规定的应当用红字登记的其他会计记录
会计账簿应当按照连续编号的页码顺序登记	记账时发生错误或者隔页、缺号、跳行的，应在空页、空行处用红色墨水划对角线注销，或者注明"此页空白"或"此行空白"字样，并由记账人员签名或者盖章

续表

要求	具体操作
结出余额	凡需要结出余额的账户，结出余额后，应当在"借或贷"栏目内注明"借"或"贷"字样，以示余额的方向；对于没有余额的账户，应在"借或贷"栏内写"平"字，并在"余额"栏"元"位处用"⊕"表示。 ※ **注意**：库存现金日记账和银行存款日记账必须逐日结出余额
过次、承前	每一账页登记完毕时，应当结出本页发生额合计及余额，在该账页最末一行"摘要"栏注明"转次页"或"过次页"，并将这一金额记入下一页第一行有关金额栏内，在该行"摘要"栏注明"承前页"
不得刮擦、挖补或用褪色药水更改字迹	应采用规定的方法更正错误

【要点15】对账方法（熟悉）

方法	内 容
账证核对	会计账簿←→原始凭证和记账凭证 核对内容：时间、凭证字号、内容、金额等是否一致，记账方向是否相符
账账核对	总账←→总账 总账←→明细账 总账←→日记账 会计机构的财产物资明细账←→财产物资保管和使用部门明细账
账实核对	现金日记账←→现金实际库存 银行存款日记账←→银行对账单 财物明细账←→财物实存数额 各种应收、应付款明细账←→有关债务、债权单位或者个人
账表核对	会计账簿←→会计报表

【要点16】 结账要求（熟悉）

时间点	结账要求
结账前	必须将本期内所发生的各项经济业务事项全部登记入账
结账时	应当结出每个账户的期末余额。 （1）需要结出当月发生额的，应当在摘要栏内注明"本月合计"字样，并在下面通栏划单红线。 （2）需要结出本年累计发生额的，应当在摘要栏内注明"本年累计"字样，并在下面通栏划单红线；12月末的"本年累计"就是全年累计发生额。全年累计发生额下面应当通栏划双红线。 （3）年度终了结账时，所有总账账户都应当结出全年发生额和年末余额
年度终了	（1）要把各账户的余额结转到下一会计年度，并在摘要栏注明"结转下年"字样； （2）在下一会计年度新建有关会计账簿的第一行余额栏内填写上年结转的余额，并在摘要栏注明"上年结转"字样

提示 结账的内容包括两个方面：一是结清各种损益类账户，据以计算确定本期利润；二是结出各资产、负债和所有者权益账户的本期发生额合计和期末余额。

学习心得

【要点17】财产清查的种类（熟悉）

种类		具体内容
按照清查范围	全面清查	是指对所有的财产进行全面的盘点和核对
	局部清查	是指根据需要只对部分财产进行盘点和核对
按照清查时间	定期清查	是指按照预先计划安排的时间对财产进行的盘点和核对
	不定期清查	是指事前不规定清查日期，而是根据特殊需要临时进行的盘点和核对
按照清查执行系统	内部清查	是指由本单位内部自行组织清查工作小组所进行的财产清查工作
	外部清查	是指由上级主管部门、审计机关、司法部门、注册会计师等根据国家有关规定对本单位进行的财产清查

【要点 18】财产清查的方法（掌握）

项目	方法
库存现金的清查	（1）采用实地盘点法确定库存现金的实存数，然后与库存现金日记账的账面余额相核对。 （2）对库存现金进行盘点时，出纳人员必须在场。盘点结束后应填制"库存现金盘点报告表"，作为重要原始凭证
银行存款的清查	采用与开户银行核对账目的方法。如果二者余额相符，通常说明没有错误；如果二者余额不相符，则可能存在记账错误或存在未达账项
实物资产的清查	（1）实地盘点法。通过点数、过磅、量尺等方法来确定实物资产的实有数量。该方法适用范围较广，在多数财产物资清查中都可以采用。 （2）技术推算法。利用一定的技术方法对财产物资的实存数进行推算，故又称估推法。适用于成堆量大而价值不高、逐一清点的工作量和难度较大的财产物资的清查。例如，露天堆放的煤炭等。对于实物的质量，应根据不同实物的性质或特征，采用物理或化学方法来检查实物的质量
往来款项的清查	（1）一般采用发函询证的方法进行核对。 （2）清查结果编制"往来款项清查报告单"

【要点 19】财产清查的处理（掌握）

项目	具体处理
对发现的问题	应核实情况、分析原因，根据"清查结果报告表""盘点报告表"等已经查实的数据资料，填制记账凭证，记入有关账簿，使账簿记录与实际盘存数相符，同时根据管理权限，将处理建议报股东大会或董事会或类似机构批准
对产生的损溢	企业应于期末前查明原因，并根据企业的管理权限，经股东大会或董事会或类似机构批准后，在期末结账前处理完毕。如果在期末结账前尚未经批准，在对外提供财务报表时，先按相关规定进行处理，并在附注中作出说明；其后批准处理的金额与已处理金额不一致的，调整财务报表相关项目的期初数

【要点20】会计账务处理程序 （掌握）

项目	特点	适用范围	优点	缺点
记账凭证账务处理程序	直接根据记账凭证逐笔登记总分类账	规模较小、经济业务量较少的单位	简单明了，易于理解；总账可以反映经济业务的详细情况	登记总分类账的工作量较大
汇总记账凭证账务处理程序	先根据记账凭证编制汇总记账凭证，再根据汇总记账凭证登记总分类账	规模较大、经济业务较多的单位	减轻了登记总分类账的工作量	当转账凭证较多时，编制汇总转账凭证的工作量较大，并且按每一贷方账户编制汇总转账凭证，不利于会计核算的日常分工
科目汇总表账务处理程序	先将所有记账凭证汇总编制成科目汇总表，再根据科目汇总表登记总分类账	经济业务较多的单位	减轻了登记总分类账的工作量，并且科目汇总表可以起到试算平衡的作用	不能反映各个账户之间的对应关系，不利于对账目进行检查

提示   三种会计账务处理程序的主要区别是登记总分类账的依据和方法不同。

学习心得

【要点21】会计信息化概述（熟悉）

项目	内　　容
概念	会计信息化，是指单位利用现代信息技术手段和数字基础设施开展会计核算，以及利用现代信息技术手段和数字基础设施将会计核算与其他经营管理活动有机结合的过程
首次写入会计法	2024年6月28日，中华人民共和国第十四届全国人民代表大会常务委员会第十次会议表决通过的《关于修改〈中华人民共和国会计法〉的决定》，首次将会计信息化写入会计法，在第八条提出"国家加强会计信息化建设，鼓励依法采用现代信息技术开展会计工作，具体办法由国务院财政部门会同有关部门制定"
重要意义	（1）加强会计信息化建设是数字经济发展的必然选择。 （2）加强会计信息化建设是践行新发展理念的客观要求。 （3）加强会计信息化建设是会计职能拓展的重要支撑

【要点22】单位会计信息化建设（熟悉）

项目	内　容
单位	国家机关、社会团体、公司、企业、事业单位和其他组织
第一责任人	单位负责人是本单位会计信息化工作的第一责任人
岗位设置	单位应当指定专门机构或者岗位负责会计信息化工作，未设置会计机构和会计岗位的单位，可以采取委托代理记账机构或者财政部规定的其他方式组织会计工作，推进会计信息化应用
会计软件	单位配备会计软件、会计软件服务商提供会计软件和相关服务，应当符合国家统一的会计软件功能和服务规范的规定
会计信息化建设工作要点	（1）遵循统筹兼顾、安全合规、成本效益等原则，因地制宜地推进。 （2）加强顶层设计和整体规划，科学制定实施步骤和实施路径，保障内外部系统有机整合和互联互通。 （3）从业务领域层面逐步推动实现财务管理信息化和决策支持信息化，从技术应用层面推动实现会计工作数字化、智能化。

续表

项目	内　容
会计信息化建设工作要点	（4）加强制度建设，明确各个领域与各个环节的管理要求和责任机制。 （5）注重会计信息系统与单位运营环境的匹配等

学习心得

【要点23】 会计数据处理和应用（掌握）

项目	内　　容
会计数据处理要求	（1）遵循国家统一的会计数据标准。 （2）建立安全便捷的电子原始凭证获取渠道。 （3）保证电子会计凭证的接收、生成、传输、存储等各环节安全可靠。 （4）能够准确、完整、有效地读取或者解析电子原始凭证及其元数据，按照国家统一的会计制度的规定开展会计核算，生成会计凭证、会计账簿、财务会计报告等会计资料。 （5）以电子会计凭证的纸质打印件作为报销、入账、归档依据的，必须同时保存打印该纸质件的电子会计凭证原文件，并建立纸质会计凭证与其对应电子文件的检索关系。 （6）以纸质会计凭证的电子影像文件作为报销、入账、归档依据的，必须同时保存纸质会计凭证，并建立电子影像文件与其对应纸质会计凭证的检索关系。 （7）具备条件的单位应当推动电子会计凭证接收、生成、传输、存储、归档等各环节全流程无纸化、自动化处理。 （8）可以在权责明确、确保信息安全的情况下，将一个或者多个会计数据处理环节委托给符合要求的第三方平台进行集约化、批量化处理，以降低成本、提高效率。

续表

项目	内　容
会计数据处理要求	（9）加强电子会计资料归档和电子会计档案管理
电子会计资料的法律效力	（1）同等法律效力：来源可靠、程序规范、要素合规的电子会计凭证、电子会计账簿、电子财务会计报告和其他电子会计资料与纸质会计资料具有同等法律效力，可仅以电子形式接收、处理、生成和归档保存。 （2）应当充分利用现代信息技术，推动单位业财融合和会计职能拓展，增强会计数据支撑单位提升绩效管理、风险管理、可持续发展的能力。 （3）鼓励运用各类信息技术开展会计数据治理，探索形成可扩展、可聚合、可比对的会计数据要素。 （4）应当根据法律法规要求向会计资料使用者提供电子财务会计报告等电子会计资料。 （5）接受外部监督检查机构依法依规查询和调阅会计资料时，对符合国家有关电子会计档案管理规定要求的电子会计资料，可仅以电子形式提供

提示　符合国家有关电子会计档案管理要求的电子会计档案与纸质会计档案具有同等法律效力。除法律、行政法规另有规定外，电子会计档案可不再另以纸质形式保存。

学习心得

第三章 流动资产

- ☞ 掌握库存现金、银行存款的账务处理
- ☞ 掌握应收票据、应收账款、预付账款、其他应收款以及应收款项减值的账务处理
- ☞ 掌握存货的定义与核算范围
- ☞ 掌握取得存货成本的确定
- ☞ 掌握发出存货的计价方法
- ☞ 掌握原材料的账务处理
- ☞ 掌握包装物和低值易耗品的账务处理
- ☞ 掌握委托加工物资的账务处理
- ☞ 掌握库存商品的账务处理
- ☞ 掌握存货清查的账务处理

☞ 掌握存货减值的账务处理

☞ 熟悉其他货币资金的账务处理

☞ 熟悉金融资产的分类

☞ 熟悉交易性金融资产取得、持有和出售的账务处理

【要点1】现金管理内容（掌握）

项目	内　　容
现金使用范围	企业可用现金支付的款项有：（1）职工工资、津贴；（2）个人劳务报酬；（3）根据国家规定颁发给个人的科学技术、文化艺术、体育比赛等各种奖金；（4）各种劳保、福利费用以及国家规定的对个人的其他支出；（5）向个人收购农副产品和其他物资的价款；（6）出差人员必须随身携带的差旅费；（7）结算起点（1 000元）以下的零星支出；（8）其他支出。除企业可以现金支付的款项中的第（5）、第（6）项外，开户单位支付给个人的款项，超过使用现金限额的部分，应当以支票或者银行本票等方式支付；确需全额支付现金的，经开户银行审核后，予以支付现金
现金限额	一般按照单位3～5天日常零星开支所需确定，边远地区最多不得超过15天
现金收支规定	（1）现金收入当日送存银行；（2）支付现金时，不得坐支；（3）提取现金时，应当写明用途，由财会部门负责人签字盖章，经开户银行审核后，予以支付；（4）特殊情况必须使用现金的，向开户银行申请，由财会部门负责人签字盖章，经开户银行审核后，予以支付现金

【要点2】库存现金的账务处理（掌握）

项目	内　容
科目设置	企业应当设置"库存现金"科目，借方登记企业库存现金的增加，贷方登记企业库存现金的减少，期末借方余额反映期末企业实际持有的库存现金的金额。企业内部各部门周转使用的备用金，可以单独设置"备用金"科目进行核算
账簿设置	企业应当设置库存现金总账和库存现金日记账，分别进行库存现金的总分类核算和明细分类核算

学习心得 ....

....

....

....

【要点3】库存现金的清查（掌握）

情形	报批前账务处理	报批后账务处理
现金短缺	借：待处理财产损溢 　贷：库存现金	借：其他应收款［责任方赔偿］ 　　管理费用［无法查明原因］ 　贷：待处理财产损溢
现金溢余	借：库存现金 　贷：待处理财产损溢	借：待处理财产损溢 　贷：其他应付款 　　营业外收入［无法查明原因］

 提示　无法查明原因时，现金短缺计入管理费用，现金溢余计入营业外收入。

【要点4】银行结算制度的主要内容（掌握）

项目	内　　容
银行存款账务处理	为了反映和监督企业银行存款的收入、支出和结存情况，企业应当设置"银行存款"科目，借方登记企业银行存款的增加，贷方登记企业银行存款的减少，期末借方余额反映企业以摊余成本计量的、存放于银行或其他金融机构的各种款项。 企业应当设置银行存款总账和银行存款日记账，分别进行银行存款的总分类核算和序时、明细分类核算
	企业可按开户银行和其他金融机构、存款种类等设置银行存款日记账，根据收付款凭证，按照业务的发生顺序逐笔登记。每日终了，应结出余额
银行存款的核对	银行存款日记账应定期与银行对账单核对，至少每月核对一次
	企业银行存款账面余额与银行对账单余额之间如有差额，应编制"银行存款余额调节表"对此予以调节，如没有记账错误，调节后的双方余额应相等

【要点5】　其他货币资金的账务处理（熟悉）

项目	内　容
核算对象	除库存现金、银行存款以外的其他各种货币资金，主要包括银行汇票存款、银行本票存款、信用卡存款、信用证保证金存款、存出投资款和外埠存款等。 为了反映和监督其他货币资金的收支和结存情况，企业应当设置"其他货币资金"科目，借方登记其他货币资金的增加，贷方登记其他货币资金的减少，期末余额在借方，反映企业持有的以摊余成本计量的其他货币资金。 "其他货币资金"科目应当按照其他货币资金的种类设置明细科目进行核算
账务处理	（1）交存银行款项、向证券公司实际划出款项时： 借：其他货币资金 　　　贷：银行存款
	（2）购买原材料、办公用品、股票等时： 借：原材料等 　　应交税费——应交增值税（进项税额） 　　管理费用 　　交易性金融资产 　　贷：其他货币资金

续表

项目	内　　容
账务处理	（3）款项退回收到时： 借：银行存款 　　贷：其他货币资金

学习心得 ----------------------------------

【要点6】金融资产分类（熟悉）

序号	分类	分类条件	举例
第一类	以摊余成本计量的金融资产	同时符合下列条件的金融资产：（1）管理该金融资产的业务模式是以收取合同现金流量为目标。（2）该金融资产的合同条款规定，在特定日期产生的现金流量，仅为对本金和以未偿付本金金额为基础的利息的支付	贷款、应收账款
第二类	以公允价值计量且其变动计入其他综合收益的金融资产	同时符合下列条件的金融资产：（1）管理该金融资产的业务模式，既以收取合同现金流量为目标又以出售该金融资产为目标。（2）该金融资产的合同条款规定，在特定日期产生的现金流量，仅为对本金和以未偿付本金金额为基础的利息的支付	其他债权投资
第三类	以公允价值计量且其变动计入当期损益的金融资产	企业应当将除分类为以摊余成本计量的金融资产和以公允价值计量且其变动计入其他综合收益的金融资产之外的金融资产，分类为以公允价值计量且其变动计入当期损益的金融资产	交易性金融资产、衍生金融资产、其他非流动金融资产

提示　企业应当根据管理金融资产的业务模式和金融资产的合同现金流量特征，对金融资产进行合理分类。

学习心得

【要点7】交易性金融资产的概念（熟悉）

项目	内　　容
概念	交易性金融资产，反映企业以公允价值计量且其变动计入当期损益的金融资产。它是企业为了近期内出售而持有的金融资产，如： （1）企业以赚取差价为目的从二级市场购入的股票、债券、基金等。 （2）在初始确认时属于集中管理的可辨认金融工具组合的一部分，且有客观证据表明近期实际存在短期获利模式的金融资产等，如企业管理的以公允价值进行业绩考核的某项投资组合
列示	交易性金融资产预期能在短期内变现以满足日常经营的需要，因此，在资产负债表中作为流动资产列示
科目设置	（1）"交易性金融资产"科目核算以公允价值计量且其变动计入当期损益的金融资产。 （2）"交易性金融资产"科目的借方登记交易性金融资产的取得成本、资产负债表日其公允价值高于账面余额的差额，以及出售交易性金融资产时结转公允价值低于账面余额的变动金额；贷方登记资产负债表日其公允价值低于账面余额的差额，以及企业出售交易性金融资产时结转的成本和公允价值高于账面余额的变动金额。 （3）企业应当按照交易性金融资产的类别和品种，分别设置"成本""应计利息""公允价值变动"等明细科目进行核算

【要点8】取得交易性金融资产（熟悉）

项目	内　　　容
要点	（1）企业取得交易性金融资产所支付价款中包含了已宣告但尚未发放的现金股利或已到付息期但尚未领取的债券利息，应单独确认为应收项目。 （2）相关交易费用应当冲减投资收益
账务处理	（1）取得： 借：交易性金融资产——成本 　　应收股利/应收利息［支付价款中包含的已宣告或已到付息期但尚未发放的现金股利和债券利息］ 　　投资收益［购入时发生的交易费用］ 　　应交税费——应交增值税（进项税额） 　　　贷：其他货币资金 （2）收到包含在支付价款中的已宣告或已到付息期但尚未发放的现金股利和债券利息： 借：其他货币资金 　　　贷：应收股利/应收利息

【要点9】持有交易性金融资产期间（熟悉）

项目	账务处理
被投资方宣告发放现金股利或已到付息期但尚未领取债券利息	借：应收股利/应收利息 　　贷：投资收益
资产负债表日公允价值变动	公允价值高于账面余额时： 借：交易性金融资产——公允价值变动 　　贷：公允价值变动损益 公允价值低于账面余额时： 借：公允价值变动损益 　　贷：交易性金融资产——公允价值变动
收到股利或利息	借：其他货币资金 　　贷：应收股利/应收利息

提示

1. 持有交易性金融资产期间宣告发放的现金股利或利息计入投资收益。公允价值与账面价值之间的差额计入公允价值变动损益。

2. 交易性金融资产为债权投资的，可以将按票面或合同利率计算的利息计入投资收益，借记"交易性金融资产——应计利息"科目，贷记"投资收益"科目。企业也可以不单独确认前述利息，而是通过"交易性金融资产——公允价值变动"科目汇总反映包含利息的债权投资的公允价值变化。

学习心得

【要点10】出售交易性金融资产（熟悉）

项目	内　容
要点	出售时交易性金融资产的公允价值与其账面余额之间的差额作为投资损益（计入投资收益）进行会计处理。 不需同时将公允价值变动损益转入投资收益
账务处理	借：其他货币资金［实际收到的金额］ 　　贷：交易性金融资产——成本［取得成本］ 　　　　　　　　　　　　——公允价值变动［可借可贷］ 　　　　投资收益［倒挤，可借可贷］

【要点11】转让金融商品应交增值税（熟悉）

项目	内　　容
要点	（1）金融商品转让按照卖出价扣除买入价后的余额作为销售额计税，这里的卖出价不需要扣除已宣告但未发放现金股利和已到付息期未领取的利息。 （2）转让金融商品按盈亏相抵后若出现负差，可结转下一纳税期与下期转让金融商品销售额互抵，但年末时仍出现负差的，不得转入下一会计年度
账务处理	月末产生转让收益： 借：投资收益［（卖价－买价）÷（1＋6%）×6%］ 　　贷：应交税费——转让金融商品应交增值税 月末产生转让损失： 借：应交税费——转让金融商品应交增值税 　　贷：投资收益 年末"应交税费——转让金融商品应交增值税"有借方余额，不得转入下年度： 借：投资收益 　　贷：应交税费——转让金融商品应交增值税

【要点12】应收票据的账务处理（掌握）

项目	账务处理
取得应收票据	(1) 销售取得： 借：应收票据 　　贷：主营业务收入 　　　　应交税费——应交增值税（销项税额） (2) 债务人抵偿前欠货款取得： 借：应收票据 　　贷：应收账款
转让应收票据	(1) 持有的商业汇票背书转让以取得所需物资： 借：在途物资/材料采购/原材料/库存商品（应计入取得物资成本的金额） 　　应交税费——应交增值税（进项税额） 　　贷：应收票据（票面金额） 　　　　银行存款（差额，或借记） (2) 持未到期的商业汇票向银行贴现： ①符合终止确认条件的：

续表

项目	账务处理
转让应收票据	借：银行存款【应按实际收到的金额（即减去贴现息后的净额）】 　　财务费用（贴现息部分） 　贷：应收票据（票面金额） ②不符合终止确认条件的： 借：银行存款（应按实际收到的金额（即减去贴现息后的净额）】 　贷：短期借款 一次性支付的贴现息体现在后续按实际利率法分期确认的利息费用中
到期收回应收票据	借：银行存款 　贷：应收票据

提示

1. 应收票据属于商业汇票，是指企业因销售商品、提供服务等而收到的。

2. 商业汇票的付款期限，最长不得超过 6 个月。

3. 根据承兑人不同，应收票据分为商业承兑汇票和银行承兑汇票。

4. 银行承兑汇票属于商业汇票，在"应收票据"和"应付票据"科目核算；银行汇票存款属于其他货币资金，在"其他货币资金"科目核算。

学习心得

【要点 13】应收账款的账务处理（掌握）

业务	账务处理
销售商品，产生应收账款	借：应收账款 　　贷：主营业务收入 　　　　应交税费——应交增值税（销项税额） 借：主营业务成本 　　贷：库存商品
收回应收账款	借：银行存款 　　贷：应收账款
应收票据转为应收账款	借：应收账款 　　贷：应收票据
计提坏账准备	借：信用减值损失 　　贷：坏账准备

提示 1. 应收账款是指企业因销售商品、提供服务等经营活动，应向购货单位或接受服务单位收取的款项，主要包括企业销售商品或提供服务等应向有关债务人收取的价款、增值税及代购货单位垫付的包装费、运杂费等。需要注意的是，代购货单位垫付的包装费、运杂费等不是在"其他应收款"科目中核算。

2. 不单独设置"预收账款"科目的企业，预收的账款在"应收账款"科目核算。

学习心得

【要点 14】预付账款的账务处理（掌握）

业务	账务处理
向供货单位预付款项	借：预付账款 　　贷：银行存款
企业收到所购物资	借：原材料等 　　应交税费——应交增值税（进项税额） 　　贷：预付账款
补付余款	借：预付账款［不足部分］ 　　贷：银行存款［不足部分］
收回多余款项	借：银行存款［收回的多付款项］ 　　贷：预付账款［收回的多付款项］

提示　预付款项不多的企业，可以不设置"预付账款"科目，将预付的款项通过"应付账款"科目核算。

✅ **学习心得**

【要点15】应收股利和应收利息（掌握）

项目	内　　容
应收股利的账务处理	应收股利是指企业应收取的现金股利或应收取其他单位分配的利润
	（1）持有交易性金融资产期间，被投资单位宣告发放现金股利： 借：应收股利 　　贷：投资收益 （2）收到股利： 借：其他货币资金/银行存款 　　贷：应收股利
应收利息的账务处理	应收利息是指企业持有的各类债权投资等已过付息期但尚未收到的利息（含取得金融资产所支付价款中包含的已到付息期但尚未领取的利息）
	"应收利息"科目的借方登记应收利息的增加，贷方登记收到的利息，期末余额一般在借方，反映企业已过付息期但尚未收到的利息

续表

项　目	内　容
应收利息的账务处理	（1）取得债权投资等金融资产时： 借：应收利息（支付的价款中包含的已到付息期但尚未领取的利息） 　　　贷：银行存款 （2）资产负债表日： 借：债权投资——应计利息（按票面或合同利率计算确定的利息） 　　　　　　　——利息调整（差额） 　　　贷：投资收益 （3）对于已过付息期但尚未收到的利息： 借：应收利息 　　　贷：债权投资——应计利息 企业实际收到应收利息时： 借：银行存款 　　　贷：应收利息

【要点 16】 其他应收款的账务处理 (掌握)

业务	账务处理
应收的各种赔款、罚款	如为应收罚款: 借: 其他应收款 　　贷: 营业外收入 如为存货盘亏应收责任人赔款: 借: 其他应收款 　　贷: 待处理财产损溢
应收的出租包装物租金	借: 其他应收款 　　贷: 其他业务收入
应向职工收取的各种垫付款项	如为职工垫付水电费: 借: 其他应收款 　　贷: 银行存款

续表

业务	账务处理
存出保证金，如租入包装物支付的押金	借：其他应收款 　　贷：银行存款
其他各种应收、暂付款项	备用金在"其他应收款——备用金"科目核算

提示 期末，企业应将"应收利息""应收股利""其他应收款"科目的期末余额合计数，减去"坏账准备"科目中相关坏账准备期末余额后的金额，填入资产负债表中"其他应收款"项目。

【要点17】 应收款项减值——备抵法（掌握）

项目	内　容
适用企业	我国企业会计准则规定，应收款项减值的核算<u>应采用备抵法</u>
预期信用损失的概念	预期信用损失，是指以发生违约的风险为权重的金融工具信用损失的加权平均值。信用损失，是指企业按照实际利率折现的、根据合同应收的所有合同现金流量与预期收取的所有现金流量之间的差额
预期信用损失的确定要点	（1）始终按照相当于整个存续期内预期信用损失的金额计量其损失准备。 （2）通常情况下，如果逾期超过30日，则表明应收款项的信用风险已经显著增加。 （3）企业在单项应收款项层面无法以合理成本获得关于信用风险显著增加的充分证据的，可考虑在组合的基础上评估信用风险是否显著增加

续表

项目	内容
预期信用损失的确定要点	在确定信用风险自初始确认后是否显著增加时，企业应考虑的具体信息包括： (1) 债务人未能按合同到期日支付款项的情况。 (2) 已发生的或预期的债务人的外部或内部信用评级的严重恶化。 (3) 已发生的或预期的债务人经营成果的严重恶化。 (4) 现存的或预期的技术、市场、经济或法律环境变化，并将对债务人对本企业的还款能力产生重大不利影响
确定预期信用损失的金额	通常按照应收款项的账面余额和预计可收回金额的差额确定预计信用减值损失
优点	符合权责发生制和会计谨慎性要求，在资产负债表中列示应收款项的净额，使财务报表使用者能了解企业应收款项预期可收回的金额和谨慎的财务状况；在利润表中作为营业利润项目列示，有利于落实企业管理者的经管责任，有利于企业外部利益相关者如实评价企业的经营业绩，作出谨慎的决策

续表

项目	内　　容
缺点	预期信用损失的估计需要考虑的因素众多，且有部分估计因素带有一定的主观性，对会计职业判断的要求较高

学习心得

【要点18】坏账准备的账务处理（掌握）

业务	账务处理	对应收账款账面价值的影响
计提坏账准备	借：信用减值损失 　　贷：坏账准备	减少
冲回多计提的坏账	借：坏账准备 　　贷：信用减值损失	增加
转销坏账	借：坏账准备 　　贷：应收账款	不变
收回已确认坏账并转销应收款项	（1）借：应收账款 　　　　贷：坏账准备 　　　借：坏账准备 　　　　贷：信用减值损失 （2）借：银行存款 　　　　贷：应收账款	第（1）笔分录：不变 第（2）笔分录：减少

提示

1. 当期应计提的坏账准备 = 当期按应收款项计算的坏账准备金额 − (或 +) "坏账准备"科目的贷方 (或借方) 余额

2. 应收账款账面价值 = 应收账款账面余额 − 坏账准备

学习心得

【要点19】取得存货成本的确定（掌握）

项目	内　　　容
定义	存货是指企业在日常活动中持有以备出售的产品或商品、处在生产过程中的在产品、在生产过程或提供劳务过程中储备的材料或物料等
核算范围	存货通常包括原材料、在产品、半成品、产成品、商品以及周转材料、委托代销商品等
采购成本（对外采购的原材料和商品等）	（1）购买价款：企业购入的材料或商品的发票账单上列明的价款，但不包括按照规定可以抵扣的增值税进项税额。 （2）相关税费：企业购买存货发生的进口关税、消费税、资源税和不能抵扣的增值税进项税额以及相应的教育费附加等应计入存货采购成本的税费。 （3）其他可归属于存货采购成本的费用：采购过程中发生的仓储费、包装费、运输途中的合理损耗、入库前的挑选整理费用（包括挑选整理中发生的工、费支出和挑选整理过程中所发生的数量损耗，并扣除回收的下脚废料价值）等。 （4）商品流通企业在采购商品过程中发生的运输费、装卸费、保险费以及其他可归属于存货采购成本的费用等进货费用，应当计入所购商品成本（主营业务成本和期末存货成本）。进货费用金额较小的，可以在发生时直接计入当期销售费用

续表

项目	内　　容
加工取得存货的成本	（1）加工取得存货的成本＝采购成本＋加工成本 （2）加工成本包括直接人工和制造费用。 （3）委托外单位加工存货成本，包括实际耗用的原材料或者半成品、加工费、装卸费、保险费、委托加工的往返运输费等费用以及按规定应计入存货成本的税费
其他成本	（1）使存货达到目前场所和状态所发生的其他支出。 （2）专属设计费
自制存货的成本	直接材料、直接人工和制造费用等的各项实际支出
不计入的成本（计入当期损益）	（1）非正常消耗的直接材料、直接人工和制造费用，如由于自然灾害而发生的费用。 （2）存货采购入库后发生的仓储费用。但是酒类产品生产企业为使生产的酒达到规定的产品质量标准而必须发生的仓储费用，应计入酒的成本。 （3）不能归属于使存货达到目前场所和状态的其他支出

【要点20】发出存货的计价方法（掌握）

方法	要　　点
个别计价法	这种方法适用于珠宝、名画等贵重物品
先进先出法	假定先入库的存货先发出，按入库顺序发出存货。 在物价持续上升时，期末存货成本接近于市价，而发出成本偏低，会高估企业当期利润和库存存货价值；反之，会低估企业存货价值和当期利润
月末一次加权平均法	存货单位成本＝〔月初库存存货成本＋∑（本月各批进货的实际单位成本×本月各批进货的数量）〕÷（月初库存存货的数量＋本月各批进货数量之和） 本月发出存货的成本＝本月发出存货的数量×存货单位成本 本月月末结存货成本＝本月月末结存货的数量×存货单位成本 或： 本月月末结存货成本＝月初结存货成本＋本月收入存货成本－本月发出存货成本 优点：只在月末计算一次，可以简化成本计算工作；缺点：不便于存货成本的日常管理与控制

续表

方法	要点
移动加权 平均法	存货单位成本＝（原有结存存货成本＋本次进货的成本）÷（原有结存存货数量＋本次进货数量） 本次发出存货成本＝本次发出存货数量×本次发货前存货的单位成本 本月月末库存存货成本＝月末库存存货的数量×本月月末存货单位成本 或： 本月月末结存存货成本＝月初结存存货成本＋本月收入存货成本－本月发出存货成本 评价：采用移动加权平均法能够使企业管理层及时了解存货的结存情况，计算的平均单位成本以及发出和结存的存货成本比较客观。但由于每次收货都要计算一次平均单位成本，计算工作量较大，对收发货较频繁的企业不太适用

提示

1. 以上方法为在实际成本核算方式下的存货发出计价方法。
2. 计价方法一经选用，不得随意变更。

3. 企业采用先进先出法计算的利润额最高，采用月末一次加权平均法计算的利润额最低，这对准确评价企业盈利能力产生一定的影响；发出存货成本高则期末存货成本低，对存货周转率、资产负债率等财务指标形成一定的影响，进而对评价企业营运能力和偿债能力产生一定的影响。

学习心得

【要点 21】 原材料采用实际成本核算（掌握）

项目	内　容
会计科目设置	采用实际成本法，主要设置"原材料""在途物资""应付账款"等科目
	比较：在计划成本法下，设置"材料采购""原材料""材料成本差异"等科目。小企业也可以在"原材料""周转材料"等科目下设置"成本差异"明细科目进行材料成本差异的核算
优点	不存在成本差异的计算与结转等问题，具有方法简单、核算程序简便易行等优点
缺点	日常不能直接反映材料成本的节约或超支情况，不便于对材料等及时实施监督管理，不便于反映和考核材料物资采购、储存及其耗用等业务对经营成果的影响
适用企业	适用于材料收发业务较少、监督管理要求不高的企业
	比较：对于材料收发业务较多、监督管理复杂且要求较高、计划成本资料较为健全、准确的企业，一般可以采用计划成本法

提示

计价方法一经确定，不得随意变更。如需变更，应在附注中予以说明。

【要点22】原材料采用实际成本核算账务处理（掌握）

业务	账务处理
票（商业汇票）款已到，料已入库	借：原材料 　　应交税费——应交增值税（进项税额） 　　贷：银行存款/应付票据等
发票账单已到，料未到	借：在途物资 　　应交税费——应交增值税（进项税额） 　　贷：银行存款/应付账款等 借：原材料 　　贷：在途物资
发票账单未到，料已到	月末暂估入库： 借：原材料 　　贷：应付账款——暂估应付账款 下月初，用红字冲销原暂估入账金额： 借：原材料 　　贷：应付账款——暂估应付账款

续表

业务	账务处理
预付货款，材料尚未入库	借：预付账款 　　贷：银行存款 材料入库时： 借：原材料 　　应交税费——应交增值税（进项税额） 　　贷：预付账款
发出材料	借：生产成本 　　制造费用 　　销售费用［销售部门领用］ 　　管理费用 　　其他业务成本［出售原材料］ 　　委托加工物资［委托外单位加工］ 　　贷：原材料

【要点23】原材料采用计划成本法核算（掌握）

业务	账务处理
购入材料	（1）计算实际成本时： 借：材料采购〔实际成本〕 　　应交税费——应交增值税（进项税额） 　　　贷：银行存款/应付账款等 （2）办理入库时： 借：原材料〔计划成本〕 　　　贷：材料采购〔计划成本〕 （3）月末计算差异： 借：材料成本差异〔超支〕 　　　贷：材料采购 或： 借：材料采购 　　　贷：材料成本差异〔节约〕

业务	账务处理
成本差异率计算	本月材料成本差异率=（月初结存材料的成本差异＋本月验收入库材料的成本差异）÷（月初结存材料的计划成本＋本月验收入库材料的计划成本）×100% 本月发出材料应负担的成本差异=本月发出材料的计划成本×本月材料成本差异率 如果企业的材料成本差异率各期之间是比较均衡的，也可以采用期初材料成本差异率分摊本期的材料成本差异。 期初材料成本差异率=期初结存材料的成本差异÷期初结存材料的计划成本×100% 发出材料应负担的成本差异=发出材料的计划成本×期初材料成本差异率 ※ 注意：（1）发出材料应负担的成本差异应当按期（月）分摊，不得在季末或年末一次计算。 （2）年度终了，企业应对材料成本差异率进行核实调整

续表

业务	账务处理
发出材料	(1) 发出材料： 借·生产成本 　　制造费用 　　管理费用 　　销售费用 　　其他业务成本［出售材料］ 　　委托加工物资 　　贷：原材料 ※ 注意：实际成本法下，只编制此步分录，以实际成本入账。计划成本法下，科目金额一律为计划成本，月末再调整。 (2) 月末，结转发出材料所负担的材料成本差异： 超支时： 借：生产成本［发出材料计划成本×材料成本差异率］ 　　制造费用 　　管理费用 　　其他业务成本［出售材料］ 　　委托加工物资 　　贷：材料成本差异［超支］ 节约时，作相反会计分录

【要点 24】周转材料——包装物的账务处理（掌握）

业务	账务处理
生产领用包装物	借：生产成本 　　贷：周转材料——包装物
随同商品 出售包装物	（1）随同商品出售不单独计价的包装物： 借：销售费用 　　贷：周转材料——包装物 （2）随同商品出售单独计价的包装物： 借：银行存款 　　贷：其他业务收入 　　　　应交税费——应交增值税（销项税额） 借：其他业务成本 　　贷：周转材料——包装物
出租或出借包装物	（1）出租或出借包装物的发出： 借：周转材料——包装物——出租包装物（或出借包装物） 　　贷：周转材料——包装物——库存包装物

业务	账务处理
出租或出借包装物	(2) 出租或出借包装物的押金和租金（存入保证金）： ①收取押金时： 　借：库存现金/银行存款 　　　贷：其他应付款——存入保证金 退还押金时，编制相反的会计分录。 ②收取租金时： 　借：库存现金/银行存款/其他应收款 　　　贷：其他业务收入 (3) 出租或出借包装物发生的相关费用： ①包装物的摊销费用： 　借：其他业务成本（出租包装物） 　　　销售费用（出借包装物） 　　　　贷：周转材料——包装物——包装物摊销 ②包装物的维修费用： 　借：其他业务成本（出租包装物） 　　　销售费用（出借包装物） 　　　　贷：库存现金/银行存款/原材料/应付职工薪酬

提示

　　1. 随同商品出售不单独计价包装物成本，计入销售费用。

　　2. 出借包装物成本，计入销售费用。

　　3. 随同商品出售单独计价包装物，销售收入计入其他业务收入，成本计入其他业务成本。

　　4. 出租包装物，租金计入其他业务收入，成本计入其他业务成本。

学习心得

【要点25】周转材料——低值易耗品的账务处理（掌握）

业务	账务处理
领用低值易耗品	借：周转材料——低值易耗品——在用 　贷：周转材料——低值易耗品——在库
分次领用摊销时	每次摊销时： 借：制造费用 　贷：周转材料——低值易耗品——摊销
核销在用低值易耗品	借：周转材料——低值易耗品——摊销 　贷：周转材料——低值易耗品——在用

 提示

1. 低值易耗品的摊销方法有一次摊销法和分次摊销法。
2. 金额较小的，可在领用时一次计入成本费用。
3. 可以采用分次摊销法，按照使用次数分次摊销计入制造费用。

学习心得

【要点26】 委托加工物资的账务处理（掌握）

业务	账务处理	
发出委托加工物资	借：委托加工物资 　　材料成本差异〔节约〕 　　商品进销差价〔售价核算〕 　　贷：原材料 　　　　材料成本差异〔超支〕	
用银行存款支付往返运费	借：委托加工物资 　　贷：银行存款	
支付加工费	借：委托加工物资 　　贷：银行存款	
支付税金	支付增值税	（1）小规模纳税人： 　借：委托加工物资 　　　贷：银行存款 （2）一般纳税人： 　借：应交税费——应交增值税（进项税额） 　　　贷：银行存款

续表

业务	账务处理	
支付税金	支付消费税	（1）收回后用于连续生产： 借：应交税费——应交消费税 　　　贷：银行存款 （2）收回后直接销售： 借：委托加工物资 　　　贷：银行存款
加工完成验收入库	借：周转材料——低值易耗品 　　　贷：委托加工物资 　　　　　材料成本差异（可借可贷）	

【要点 27】库存商品的账务处理（掌握）

业务	具体处理
验收入库商品	借：库存商品 　　贷：生产成本
制造业企业发出商品	借：主营业务成本 　　贷：库存商品
商品流通企业发出商品——毛利率法（批发企业常用）	毛利率＝销售毛利÷销售净额×100% 销售净额＝商品销售收入－销售退回与折让 销售毛利＝销售净额×毛利率 销售成本＝销售净额－销售毛利

续表

业　务	内　容
商品流通企业发出商品——售价金额核算法（零售企业常用）	（1）计算公式。 商品进销差价率＝（期初库存商品进销差价＋本期购入商品进销差价）÷（期初库存商品售价＋本期购入商品售价）×100% 本期销售商品应分摊的商品进销差价＝本期商品销售收入×商品进销差价率 本期销售商品的成本＝本期商品销售收入－本期销售商品应分摊的商品进销差价 （2）账务处理。 ①商品到达验收入库： 借：库存商品［售价］ 　　贷：银行存款/在途物资/委托加工物资［进价］ 　　　　商品进销差价［差额］ ②对外销售商品按售价结转销售成本： 借：主营业务成本［售价］ 　　贷：库存商品［售价］ ③期（月）末分摊已销商品的进销差价： 借：商品进销差价 　　贷：主营业务成本

【要点28】存货清查的账务处理 （掌握）

情形	报批前会计处理	报批后账务处理
盘亏	借：待处理财产损溢 　　贷：原材料等 　　　　应交税费——应交增值税 　　　　　　（进项税额转出） 　　　　［自然灾害原因不需转出］	借：原材料［残料］ 　　其他应收款［责任人或保险公司赔偿］ 　　管理费用［管理不善、一般经营损失、自然损耗］ 　　营业外支出［非常损失］ 　　　贷：待处理财产损溢
盘盈	借：原材料等 　　贷：待处理财产损溢	借：待处理财产损溢 　　贷：管理费用［冲减］

提示

1. 除自然灾害等造成的盘亏非常损失外，盘盈和盘亏都计入管理费用，非常损失计入营业外支出。

2. 自然灾害造成的盘亏进项税额不需转出。

【要点 29】存货期末计量（掌握）

项目	内　　容
原则	资产负债表日，存货应当按照成本与可变现净值孰低计量
其中	成本＝期末存货的实际成本
	可变现净值＝存货的估计售价－至完工时估计将要发生的成本－估计的销售费用和相关税费 用于出售的存货： 可变现净值＝存货的估计售价－估计的销售费用和相关税费
减值测试	·成本＜可变现净值──→按成本计价──→不作账务处理 ·成本＞可变现净值──→按可变现净值计价──→计提存货跌价准备，并计入资产减值损失
跌价准备转回	以前减记存货价值的影响因素已经消失的，减记的金额应当予以恢复，并在原已计提的存货跌价准备金额内转回，转回的金额计入当期损益

提示 1. 如果企业存货成本核算采用计划成本法、售价金额核算法等，则成本为经调整后的实际成本。

2. 可变现净值的特征表现为存货的预计未来净现金流量，而不是存货的售价或合同价。

学习心得

【要点30】存货跌价准备的账务处理（掌握）

项目	具体处理
计提金额	当期应计提的存货跌价准备 =（存货成本 - 可变现净值）- 存货跌价准备已有贷方余额
计提准备	借：资产减值损失 　　贷：存货跌价准备
冲回准备	借：存货跌价准备 　　贷：资产减值损失
转销	企业结转存货销售成本时，对于已计提存货跌价准备的，应当一并结转，同时调整销售成本： 借：存货跌价准备 　　贷：主营业务成本 　　　　其他业务成本

学习心得

第四章　非流动资产

☞ 掌握固定资产的确认与初始计量
☞ 掌握取得固定资产的账务处理
☞ 掌握固定资产折旧的账务处理
☞ 掌握固定资产相关后续支出、处置和清查的账务处理
☞ 掌握固定资产减值的账务处理
☞ 掌握无形资产的确认与初始计量
☞ 掌握无形资产取得、摊销、减值、出售和报废的账务处理
☞ 熟悉长期股权投资的初始计量和后续计量
☞ 熟悉投资性房地产的核算范围
☞ 熟悉投资性房地产的确认和初始计量
☞ 熟悉长期待摊费用的账务处理
☞ 了解投资性房地产相关后续支出的账务处理
☞ 了解投资性房地产计量的成本模式和公允价值模式
☞ 了解投资性房地产处置的账务处理

【要点1】长期股权投资的初始计量（熟悉）

取得方式			账务处理
以合并方式取得的长期股权投资	同一控制下企业合并	确认与计量	初始投资成本＝被合并方在最终控制方合并财务报表中的所有者权益账面价值份额
		账务处理	合并方以支付现金、转让非现金资产或承担债务方式作为合并对价	借：长期股权投资（投资成本） 　　贷：银行存款 　　　　资本公积——资本溢价或股本溢价（差额） ※ 注意：如果差额为借方差额，资本公积不足冲减，依次冲减盈余公积、未分配利润
			以发行权益性证券作为合并对价	借：长期股权投资（投资成本） 　　贷：股本 　　　　资本公积——股本溢价（差额） ※ 注意：如果差额为借方差额，资本公积不足冲减，依次冲减盈余公积、未分配利润

续表

取得方式			账务处理
以合并方式取得的长期股权投资	同一控制下企业合并	账务处理	相关管理费用	企业为企业合并发生的审计、法律服务、评估咨询等中介费用以及其他相关管理费用应作为当期损益计入管理费用
	非同一控制下企业合并	确认与计量	以支付现金、非现金资产、发行权益性证券等方式取得的长期股权投资，应按现金、非现金货币性资产、发行的权益性证券的公允价值作为初始投资成本计量
		账务处理	购买方以支付现金、转让非现金资产或承担债务方式等作为合并对价	以转让固定资产为例： 借：长期股权投资（投资成本） 　　累计折旧 　　固定资产减值准备 　贷：固定资产 　　　资产处置损益
			购买方以权益性证券作为合并对价	借：长期股权投资（投资成本） 　贷：股本 　　　资本公积——股本溢价（差额）

续表

取得方式				账务处理
以合并方式取得的长期股权投资	非同一控制下企业合并	账务处理	为发行权益性工具支付给有关证券承销机构的手续费、佣金等与工具发行直接相关的费用	借：资本公积——股本溢价 　　贷：银行存款 溢价收入不足冲减的，应依次冲减盈余公积和未分配利润
			相关管理费用	企业合并发生的审计、法律服务、评估咨询等中介费用： 借：管理费用 　　贷：银行存款
以非合并方式取得的长期股权投资		初始确认	以支付现金、非现金资产等其他方式取得的长期股权投资	按现金、非现金货币性资产的公允价值作为初始投资成本计量
			发行权益性证券取得的长期股权投资	按照发行的权益性证券的公允价值作为初始投资成本计量

续表

取得方式	账务处理		
以非合并方式取得的长期股权投资	账务处理	以支付现金、非现金资产等其他方式取得的长期股权投资	借：长期股权投资 贷：银行存款 　　　资产处置损益（也可能在借方）

学习心得

【要点2】 长期股权投资的后续计量的账务处理（熟悉）

方法		业务和事项	账务处理
权益法	初始投资成本的调整	长期股权投资的初始投资成本＞投资时应享有被投资单位可辨认净资产公允价值份额	不调整已确认的初始投资成本
		长期股权投资的初始投资成本＜投资时应享有被投资单位可辨认净资产公允价值份额	按其初始投资成本和公允价值份额的差额： 借：长期股权投资——投资成本 　　贷：营业外收入
		※ **注意：** 长期股权投资初始投资成本大于等于公允价值，此时不要求对长期股权投资的成本进行调整；如果小于公允价值就要作出调整，差额计入营业外收入	
	投资收益的确认	被投资单位实现净利润	企业应按被投资单位实现的净利润中企业享有的份额： 借：长期股权投资——损益调整 　　贷：投资收益

续表

方法	业务和事项		账务处理
权益法	投资收益的确认	被投资单位发生净亏损	借：投资收益 　　贷：长期股权投资——损益调整
	被投资单位分配股利或利润		宣告发放现金股利或利润时： 借：应收股利 　　贷：长期股权投资——损益调整 收到被投资单位发放的股票股利：不进行账务处理，应在备查簿中登记
	被投资单位除净损益、利润分配以外的其他综合收益变动或所有者权益的其他变动		借：长期股权投资——其他综合收益或 　　　其他权益变动 　　贷：其他综合收益 　　　　资本公积——其他资本公积
成本法	宣告发放现金股利时		借：应收股利 　　贷：投资收益
	收到发放的现金股利时		借：银行存款 　　贷：应收股利

【要点3】长期股权投资的减值准备和处置（熟悉）

业务和事项	账务处理	
计提减值准备	借：资产减值损失 　贷：长期股权投资减值准备	
处置长期股权投资	借：银行存款（按实际收到的金额） 　　长期股权投资减值准备（原已计提的减值准备） 　贷：长期股权投资（按账面余额） 　　应收股利（尚未领取的现金股利或利润） 　　投资收益（按照差额，可能在借方也可能在贷方）	
	处置采用权益法核算的长期股权投资时，对相关的其他综合收益、资本公积——其他资本公积进行账务处理	结转"其他综合收益"： 借或贷：其他综合收益 　贷或借：投资收益 结转"资本公积——其他资本公积"： 借或贷：资本公积——其他资本公积 　贷或借：投资收益

【要点4】投资性房地产核算范围（熟悉）

属于投资性房地产的项目	不属于投资性房地产的项目
（1）已出租的土地使用权。 （2）持有并准备增值后转让的土地使用权。 （3）已出租的建筑物，指企业拥有产权并以经营租赁方式出租的房屋等建筑物，包括自行建造或开发活动完成后用于出租的建筑物	（1）对以经营租赁方式租入土地使用权再转租给其他单位的，不能确认为投资性房地产。 （2）按照国家有关规定认定的闲置土地，不属于持有并准备增值后转让的土地使用权。 （3）企业以经营租赁方式租入建筑物再转租的建筑物不属于投资性房地产。 （4）企业自用房地产和作为存货的房地产不属于投资性房地产，比如企业拥有并自行经营的旅馆、饭店，其经营目的主要是通过提供客房服务赚取服务收入，该旅馆、饭店不确认为投资性房地产

提示

1. 企业自用房地产和作为存货的房地产不属于投资性房地产。

2. 企业持有投资性房地产的目的主要有赚取租金和资本增值。

【要点5】投资性房地产的账务处理（熟悉初始计量、了解后续计量及处置核算）

情形		成本模式	公允价值模式
初始确认（无论采用何种模式，初始确认时均按取得时的实际成本核算）	外购	应当按照取得时的实际成本进行初始计量，取得时的实际成本包括购买价款、相关税费和可直接归属于该资产的其他支出	
		借：投资性房地产 　　贷：银行存款等	借：投资性房地产——成本 　　贷：银行存款等
	自行建造	自行建造的投资性房地产，其成本由建造该项资产达到预定可使用状态前发生的必要支出构成，包括土地开发费、建筑成本、安装成本、应予以资本化的借款费用、支付的其他费用和分摊的间接费用等	
		借：投资性房地产 　　贷：在建工程等	借：投资性房地产——成本 　　贷：在建工程等

续表

情形	成本模式		公允价值模式
初始确认（无论采用何种模式，初始确认时均按取得时的实际成本核算）	自用房地产或存货转换为采用公允价值模式计量的投资性房地产		投资性房地产应当按照转换日的公允价值计量：公允价值＜原账面价值，公允价值和账面价值的差额计入当期损益（公允价值变动损益）；公允价值＞原账面价值，公允价值和账面价值的差额计入其他综合收益
	自用房地产或存货转换为采用成本模式计量的投资性房地产	（1）自用房地产→成本模式计量的投资性房地产： 借：投资性房地产 　　累计折旧（摊销） 　　固定资产（无形资产）减值准备 　贷：固定资产/无形资产 　　　投资性房地产累计折旧（摊销） 　　　投资性房地产减值准备 （2）作为存货的房地产→成本模式计量的投资性房地产： 借：投资性房地产 　　存货跌价准备 　贷：开发产品	

情形		成本模式	公允价值模式
后续计量（通常采用成本模式，满足特定条件的情况下也可以采用公允价值模式）	计提折旧或摊销	借：其他业务成本 　贷：投资性房地产累计折旧（摊销）	不计提折旧或摊销
	计提减值	借：资产减值损失 　贷：投资性房地产减值准备	不计提减值准备
后续计量	公允价值变动	不涉及	借：投资性房地产——公允价值变动 　贷：公允价值变动损益（或相反分录）
	确认租金收入	借：其他应收款（或银行存款） 　贷：其他业务收入	

续表

情形	成本模式		公允价值模式
处置核算	结转成本	借：其他业务成本 　　投资性房地产累计折旧（摊销） 　　投资性房地产减值准备 贷：投资性房地产	借：其他业务成本 　　贷：投资性房地产 　　　　——成本 　　　　——公允价值变动 （投资性房地产——公允价值变动有可能在借方） 同时结转投资性房地产累计公允价值变动，如有原转换日计入其他综合收益的金额，一并结转
	收到价款	借：银行存款 贷：其他业务收入	

【要点6】外购固定资产的账务处理（掌握）

项目	账务处理
成本构成	成本 = 买价 + 相关税费 + 可归属的运输费、装卸费、安装费、专业人员服务费等
购入不需安装固定资产	借：固定资产［取得成本，即买价、运输费、装卸费和服务费等］ 　　应交税费——应交增值税（进项税额）［固定资产和其他费用的增值税进项税额之和］ 　　　贷：银行存款［或应付账款］
购入需安装固定资产	（1）安装调试阶段： 借：在建工程［取得成本，即买价、运输费、装卸费和服务费等］ 　　应交税费——应交增值税（进项税额）［固定资产和其他费用的增值税进项税额之和］ 　　　贷：银行存款［或应付账款］ 借：在建工程［安装调试成本］ 　　应交税费——应交增值税（进项税额）［安装调试费用的增值税进项税额］ 　　　贷：银行存款［或应付账款］

续表

项目	账务处理
购入需安装固定资产	借：在建工程［耗用本单位材料和人工成本］ 　　贷：原材料 　　　　应付职工薪酬 （2）安装完成时： 借：固定资产 　　贷：在建工程

提示

1. 增值税进项税额可以抵扣，不计入固定资产成本。

2. 购入多项没有单独标价的固定资产，按各项资产公允价值的比例分别确认。

3. 企业作为小规模纳税人，购入固定资产发生的增值税额应计入固定资产成本，不通过"应交税费——应交增值税"科目核算。

【要点7】 自建固定资产的账务处理（掌握）

项目	账务处理
自营工程	（1）购入工程物资： 借：工程物资 　　应交税费——应交增值税（进项税额） 　　　贷：银行存款［或应付账款］ （2）领用工程物资： 借：在建工程 　　　贷：工程物资 （3）领用本企业商品： 借：在建工程 　　　贷：库存商品

续表

项目	账务处理
自营工程	（4）支付工程其他费用： 借：在建工程 　　应交税费——应交增值税（进项税额） 　　　贷：银行存款 （5）完工转入固定资产： 借：固定资产 　　　贷：在建工程
出包工程	（1）支付工程款： 借：在建工程 　　应交税费——应交增值税（进项税额） 　　　贷：银行存款［或应付账款］ （2）工程完工： 借：固定资产 　　　贷：在建工程

【要点8】 固定资产折旧（掌握）

项目	内　　容
不需计提折旧	（1）已提足折旧继续使用固定资产；（2）单独计价入账的土地
折旧影响因素	（1）固定资产原价；（2）预计净残值；（3）固定资产减值准备；（4）固定资产的使用寿命
折旧时间	（1）当月增加，当月不提，下月开始计提折旧； （2）当月减少，当月照提，下月开始不提
账务处理	借：在建工程 　　其他业务成本［出租］ 　　制造费用［车间］ 　　销售费用［销售部门］ 　　管理费用［管理部门］ 　　贷：累计折旧

【要点9】固定资产折旧方法（掌握）

方法	特点	计算公式
年限平均法	每期折旧额均等	年折旧额＝（固定资产原价－预计净残值）÷预计使用寿命（年） 月折旧额＝年折旧额÷12
工作量法	根据实际工作量计算	单位工作量折旧额＝［固定资产原价×（1－预计净残值率）］÷预计总工作量 月折旧额＝该项固定资产当月工作量×单位工作量折旧额
双倍余额递减法	加速折旧法，开始不考虑预计净残值，最后两年考虑预计净残值	年折旧率＝2÷预计使用寿命（年）×100% 年折旧额＝每个折旧年度年初固定资产账面净值×年折旧率 月折旧额＝年折旧额÷12

续表

方法	特点	计算公式
年数总和法	加速折旧法	年折旧率 = (预计使用寿命 − 已使用寿命) ÷「预计使用寿命 × (预计使用寿命 + 1)」÷ 2 × 100% 或： 年折旧率 = 尚可使用寿命 ÷ 预计使用寿命的年数总和 × 100% 年折旧额 = (固定资产原价 − 预计净残值) × 年折旧率

学习心得 ....

....

....

....

....

【要点10】 固定资产的更新改造和日常修理 （掌握）

项目	账务处理
更新改造（满足资本化）	（1）更新改造，先将固定资产转入"在建工程"，符合资本化条件的更新改造支出计入在建工程，最终计入固定资产成本；不符合资本化条件的计入当期损益。 （2）如有被替换部分，应同时将被替换部分的账面价值（而不是原值，要扣除折旧）从该固定资产原账面价值中扣除
日常修理（不满足资本化）	不符合固定资产资本化后续支出条件的固定资产日常修理费用，在发生时应当按照受益对象计入当期损益或计入相关资产的成本。 （1）存货的生产和加工相关的固定资产日常修理费用按照存货成本确定原则进行处理。 （2）行政管理部门、企业专设的销售机构等发生的固定资产日常修理费用按照功能分类计入管理费用或销售费用

【要点11】固定资产清查（掌握）

项目	报批前账务处理	报批后账务处理
盘亏	借：待处理财产损溢 　　累计折旧 　　固定资产减值准备 　　贷：固定资产 转出不可抵扣进项税额： 借：待处理财产损溢 　　贷：应交税费——应交增 　　　　值税（进项税额转出）	借：其他应收款［责任人或保险公司赔偿］ 　　营业外支出——盘亏损失 　　贷：待处理财产损溢
盘盈	借：固定资产［重置成本］ 　　贷：以前年度损益调整	(1) 由于以前年度损益调整而增加的所得税费用： 借：以前年度损益调整 　　贷：应交税费——应交所得税 (2) 将以前年度损益调整科目余额转入留存收益： 借：以前年度损益调整 　　贷：盈余公积 　　　　利润分配——未分配利润

提示

1. 固定资产盘盈，通过"以前年度损益调整"科目核算。

2. 购进货物及不动产发生非正常损失，其负担的进项税额不得抵扣，其中购进货物包括被确认为固定资产的货物。但是，如果盘亏的是固定资产，应按其账面净值（即固定资产原价－已计提折旧）乘以适用税率计算不可以抵扣的进项税额。

学习心得 --------------------------------

【要点 12】固定资产处置（掌握）

业务和事项	账务处理
固定资产转入清理	借：固定资产清理 　　累计折旧 　　固定资产减值准备 　贷：固定资产［账面原价］
结算清理费用等	借：固定资产清理 　　应交税费——应交增值税（进项税额） 　贷：银行存款
收回出售固定资产价款、残料价值和变价收入	借：银行存款［收回价款］ 　　原材料［残料］ 　贷：固定资产清理 　　　应交税费——应交增值税（销项税额）
保险赔偿	借：其他应收款 　贷：固定资产清理

续表

业务和事项	账务处理
结转清理净损益	(1) 因生产经营期间已丧失使用功能或因自然灾害发生毁损等原因而报废清理。 ①属于生产经营期间已丧失使用功能报废清理（正常原因）： 如为净损失： 借：营业外支出——非流动资产处置损失 　　贷：固定资产清理 如为净收益： 借：固定资产清理 　　贷：营业外收入——非流动资产处置利得 ②因自然灾害发生毁损（非正常原因）： 借：营业外支出——非常损失 　　贷：固定资产清理 (2) 因出售、转让等原因而处置固定资产。 如为净损失： 借：资产处置损益 　　贷：固定资产清理 如为净收益： 借：固定资产清理 　　贷：资产处置损益

【要点13】固定资产减值（掌握）

减值定义	计提减值	转回减值	结转减值
可收回金额低于账面价值	借：资产减值损失 　　贷：固定资产减值准备	一经确认，以后会计期间不得转回	处置固定资产时，应同时结转已计提的固定资产减值准备

学习心得 --

【要点 14】 无形资产的内容（熟悉）

项目	内　容
特征	(1) 具有资本基本特征；(2) 不具有实物形态；(3) 具有可辨认性；(4) 属于非货币性资产
内容	专利权、非专利技术、商标权、著作权、土地使用权、特许权等
要点	企业自创商誉以及内部产生的品牌、报刊名等，无法与企业的整体资产分离而存在，不具有可辨认性，不应确认为无形资产

【要点 15】 无形资产的取得（掌握）

业务和事项	账务处理
外购无形资产	成本 = 购买价款 + 相关税费 + 直接归属于使该项资产达到预定可使用状态的其他支出 借：无形资产 　　应交税费——应交增值税（进项税额） 　　贷：银行存款
自行研究开发	研究阶段，发生时： 借：研发支出——费用化支出 　　贷：银行存款/应付职工薪酬/原材料等 月末（按月结转）： 借：管理费用 　　贷：研发支出——费用化支出

续表

业务和事项	账务处理
自行研究 开发	开发阶段，发生时： 借：研发支出——资本化支出 　　　　　　——费用化支出［计入管理费用］ 　　应交税费——应交增值税（进项税额） 　　贷：银行存款/应付职工薪酬/原材料等 达到预定用途： 借：无形资产 　　贷：研发支出——资本化支出

提示

1. 就商标权而言，企业为宣传自创并已注册登记的商标而发生的相关费用，应在发生时直接计入当期损益；企业如果购买他人的商标，一次性支出费用较大，可以将购入商标的价款、支付的手续费及有关费用确认为商标权的成本。

2. 企业如果无法可靠区分研究阶段的支出和开发阶段的支出，应将发生的研发支出全部费用化，计入当期损益，记入"管理费用"科目的借方。

【要点 16】无形资产摊销、出售和报废（掌握）

业务和事项	内容及账务处理
摊销	摊销范围：使用寿命有限的无形资产应进行摊销，使用寿命不确定的无形资产不应摊销
	摊销时间：当月增加，当月摊销；当月减少，当月停止
	摊销方法：年限平均法（直线法）、生产总量法等
	摊销分录： 借：管理费用［企业管理用］ 　　制造费用［生产产品］ 　　其他业务成本［出租］ 　　贷：累计摊销
出售	借：银行存款 　　累计摊销 　　资产处置损益（可借可贷） 　　贷：无形资产 　　　　应交税费——应交增值税（销项税额）

续表

业务和事项	内容及账务处理
报废	借：累计摊销 　　无形资产减值准备 　　营业外支出——处置非流动资产损失 　贷：无形资产

提示　注意无形资产与固定资产开始计提折旧时间的区别。

【要点17】无形资产减值（掌握）

减值定义	计提减值	转回减值	结转减值
可收回金额低于账面价值	借：资产减值损失 贷：无形资产减值准备	无形资产减值损失一经确认，以后会计期间不得转回	处置无形资产时，应同时结转已计提的无形资产减值准备

学习心得 --

【要点 18】 长期待摊费用的核算 （熟悉）

项　目	内　　容
定义	企业已经发生但应由本期和以后各期负担的分摊期限在 1 年以上的各项费用，例如，以租赁方式租入的使用权资产发生的改良支出等
发生时	借：长期待摊费用 　　应交税费——应交增值税（进项税额） 　　贷：原材料/银行存款
摊销时	借：管理费用 　　销售费用 　　贷：长期待摊费用

学习心得

第五章　负　　债

☞ 掌握短期借款及其账务处理
☞ 掌握应付票据及其账务处理
☞ 掌握应付账款及其账务处理
☞ 掌握合同负债及其账务处理
☞ 掌握应付股利、其他应付款的核算范围
☞ 掌握应付利息、应付股利和其他应付款的账务处理
☞ 掌握职工薪酬的核算范围
☞ 掌握短期薪酬的账务处理
☞ 掌握应交税费（应交增值税、应交消费税）的账务处理
☞ 掌握长期借款及其账务处理
☞ 熟悉其他应交税费（应交资源税、应交城市维护建设税、应交教育费附加、应交土地增值税、应交房产税、应交城镇土地使用税和应交车船税）的账务处理
☞ 熟悉应付债券及其账务处理

【要点 1】 短期借款及其账务处理 （掌握）

项目	内 容
核算对象	企业向银行或其他金融机构等借入的期限在 1 年以下（含 1 年）的各种款项
初始计量（取得时）	借：银行存款 　　贷：短期借款
后续计量（发生短期借款利息）	（1）采用预提方式： ①计提利息费用（预提）： 借：财务费用 　　贷：应付利息 ②实际支付利息： 借：应付利息 　　贷：银行存款/库存现金 （2）不采用预提方式： 借：财务费用 　　贷：银行存款

续表

项目	内　　容
偿还计量 （归还时）	（1）偿还本金： 借：短期借款 　　贷：银行存款 （2）归还本金及利息： 借：短期借款 　　应付利息/财务费用 　　贷：银行存款/库存现金

【要点 2】应付票据及其账务处理（掌握）

项目	内　　容
核算对象	企业购买材料、商品和接受服务等而开出、承兑的商业汇票；包括银行承兑汇票、财务公司承兑汇票、商业承兑汇票等；我国商业汇票的付款期限不超过 6 个月
初始计量	（1）因外购开出、承兑商业汇票： 借：原材料/材料采购/在途物资/库存商品等 　　　应交税费——应交增值税（进项税额） 　　贷：应付票据 （2）开出银行承兑汇票支付的手续费： 借：财务费用 　　　应交税费——应交增值税（进项税额） 　　贷：银行存款

续表

项目	内 容
偿还计量	（1）票据到期，偿还应付票据： 借：应付票据 　　贷：银行存款 （2）转销应付票据（企业无力偿还）： ①商业承兑汇票： 借：应付票据（账面余额） 　　贷：应付账款 ②银行承兑汇票： 借：应付票据（账面余额） 　　贷：短期借款

1. 按照开出、承兑的应付票据的面值入账。

2. 我国商业汇票的付款期限不超过 6 个月。

【要点3】 应付账款及其账务处理 （掌握）

项目	内　　容
核算对象	企业因购买材料、商品或接受服务等经营活动而应付给供应单位的款项
初始计量 （发生应付账款）	（1）所购货物与发票账单同时到达： 借：原材料/材料采购/在途物资/生产成本等 　　应交税费——应交增值税（进项税额） 　　贷：应付账款 （2）所购货物已经验收入库，但发票账单到月终尚未到达，月份终了应暂估入账，待下月初再用红字冲回
后续计量 （转销应付账款）	转销确实无法支付的应付账款： 借：应付账款 　　贷：营业外收入

续表

项目	内　　容
偿还计量 （偿还应付账款）	(1) 偿还应付账款时： 借：应付账款 　　贷：银行存款 (2) 开出商业汇票抵付应付账款时： 借：应付账款 　　贷：应付票据

学习心得 --

【要点4】合同负债及其账务处理（掌握）

项目	内 容
核算对象	企业按照《企业会计准则第14号——收入》规定损收的转让商品款或应收客户对价而应向客户转让商品的义务
账务处理	(1) 企业在向客户转让商品之前，客户已经支付了合同对价或企业已经取得了无条件收取合同对价权利的，企业应当在客户实际支付款项与到期应支付款项孰早时点，按照该已收或应收的金额（不包含增值税部分）： 借：银行存款/应收账款/应收票据等 　　贷：合同负债 (2) 企业向客户转让相关商品时： 借：合同负债 　　贷：主营业务收入/其他业务收入等 (3) 已收或应收客户对价中的增值税部分，可记入"应交税费——待转销项税额"科目
其他	对于不适用《企业会计准则第14号——收入》规定的预收款项，企业可设置"预收账款"科目

【要点5】应付利息的账务处理（掌握）

项目	内容
核算对象	企业按照合同约定应支付的已过付息期但尚未支付的利息，包括吸收存款、分期付息到期还本的长期借款、企业债券等的利息
初始计量（计算确定利息费用时）	（1）短期借款利息费用： 借：财务费用 　　贷：应付利息 （2）长期借款或应付债券，按摊余成本和实际利率计算确定利息费用： 借：在建工程/财务费用 　　贷：长期借款—应计利息/应付债券—应计利息 差额贷记"长期借款—利息调整"、借记或贷记"应付债券—利息调整" 已过付息期但尚未支付的利息： 借：长期借款—应计利息/应付债券—应计利息 　　贷：应付利息

续表

项目	内　　容
偿还计量 （实际支付利息时）	借：应付利息 　　贷：银行存款
计算	利息＝本金×利率（合同约定的）

学习心得 ··

··

··

··

··

··

【要点6】应付股利的核算范围和账务处理（掌握）

项目	内　　容
核算对象	企业根据股东大会或类似机构审议批准的利润分配方案确定分配给投资者的现金股利或利润
核算范围	企业确定或宣告发放但尚未实际支付的现金股利或利润
初始计量	审议批准的利润分配方案，确认应付的现金股利或利润时： 借：利润分配——应付现金股利或利润 　　贷：应付股利
支付计量	实际支付现金股利或利润时： 借：应付股利 　　贷：银行存款

提示　企业董事会或类似机构通过的利润分配方案中拟分配的现金股利或利润，不作账务处理，但应在报表附注中披露。

实际发放股票股利不通过"应付股利"科目核算，其账务处理如下：

借：利润分配——转作股本的股利

　　贷：股本

学习心得

【要点7】其他应付款的核算范围和账务处理（掌握）

项目	内　容
核算范围	企业除应付票据、应付账款、预收账款、合同负债、应付职工薪酬、应交税费、应付利息、应付股利等经营活动以外的其他各种应付、暂收的款项，如应付短期租赁固定资产租金、应付租入包装物租金、存入保证金等

核算	发生其他各种应付、暂收款项时	借：管理费用等 　　贷：其他应付款
	支付或退回时	借：其他应付款 　　贷：银行存款

【要点8】职工薪酬的核算范围（掌握）

定义		企业为获得职工提供的服务或解除劳动关系而给予的各种形式的报酬或补偿
内容	短期薪酬	年度报告期间结束后 12 个月内需要全部予以支付的职工薪酬
		（1）职工工资、奖金、津贴和补贴； （2）职工福利费； （3）医疗保险费、工伤保险费等社会保险费； （4）住房公积金； （5）工会经费和职工教育经费； （6）短期带薪缺勤； （7）短期利润分享计划； （8）其他短期薪酬
	离职后福利	设定提存计划（养老保险和失业保险）和设定受益计划
	辞退福利	劳动合同到期之前解除劳动关系或为鼓励职工自愿接受裁减而给予职工的补偿
	其他长期职工福利	长期带薪缺勤、长期残疾福利、长期利润分享计划

【要点9】货币性职工薪酬的账务处理（掌握）

项　目	计　量	
职工工资、奖金、津贴和补贴	计提	借：生产成本/制造费用/合同履约成本/管理费用/销售费用等 　　贷：应付职工薪酬——工资
	支付	借：应付职工薪酬——工资（应发数） 　　贷：银行存款/库存现金（实发数） 　　　　其他应收款（职工房租、代垫款项） 　　　　应交税费——应交个人所得税
职工福利费	计提	借：生产成本/制造费用/管理费用/销售费用等 　　贷：应付职工薪酬——职工福利费
	支付	借：应付职工薪酬——职工福利费 　　贷：银行存款等

续表

项　目		计　量
工会经费、职工教育经费、社会保险费、住房公积金	计提	借：生产成本/制造费用/管理费用等 贷：应付职工薪酬——工会经费/职工教育经费/社会保险费/住房公积金
	支付	借：应付职工薪酬——工会经费/职工教育经费/社会保险费 贷：银行存款等

提示　1. 企业从应付职工薪酬中扣除的各种款项，如代垫的医药费通过"其他应收款"科目核算。

2. 根据《工会法》的规定，企业按每月全部职工工资总额的2%向工会拨缴经费，在成本费用中列支，主要用于为职工服务和工会活动。

职工教育经费一般由企业按照每月工资总额的8%计提，主要用于职工接受岗位培训、继续教育等方面的支出。

3. 养老保险费和失业保险费按规定确认为离职后福利，不属于短期薪酬。

学习心得

【要点10】非货币性职工薪酬的账务处理（掌握）

业务和事项	确认时	发放（支付）时
自产产品作为非货币性福利发放给职工	借：生产成本/制造费用/管理费用等 　贷：应付职工薪酬——非货币性福利	借：应付职工薪酬——非货币性福利 　贷：主营业务收入 　　　应交税费——应交增值税 　　　　　（销项税额） 借：主营业务成本 　贷：库存商品
将企业拥有的房屋等资产无偿提供给职工使用	借：生产成本/制造费用/管理费用等 　贷：应付职工薪酬——非货币性福利	计提折旧时： 借：应付职工薪酬——非货币性福利 　贷：累计折旧
租赁住房等资产供职工无偿使用	借：生产成本/制造费用/管理费用等 　贷：应付职工薪酬——非货币性福利	支付房租时： 借：应付职工薪酬——非货币性福利 　贷：银行存款

【要点11】 应交税费的核算内容（熟悉）

项目	内　容
应交税费	（1）增值税；（2）消费税；（3）企业所得税；（4）城市维护建设税；（5）资源税；（6）土地增值税；（7）房产税；（8）车船税；（9）城镇土地使用税；（10）教育费附加；（11）环境保护税；（12）契税；（13）车辆购置税，等
	印花税、耕地占用税不需要预计应交税金，可以不通过"应交税费"科目核算

学习心得 ---

【要点12】应交增值税概述（熟悉）

项目	内 容
征税范围	在我国境内销售货物、加工修理修配劳务、服务、无形资产和不动产以及进口货物的企业、单位和个人为增值税的纳税人
纳税人	一般纳税人和小规模纳税人
计税方法	一般计税方法和简易计税方法
税率	一般纳税人采用的税率分为13%、9%、6%和零税率
	采用简易计税方式的增值税征收率为3%
科目设置	一般纳税人应在"应交税费"科目下设置应交增值税、未交增值税、预交增值税、待认证进项税额、待转销项税额、增值税留抵税额、简易计税、转让金融商品应交增值税、代扣代交增值税等明细科目
	小规模纳税人只在"应交税费"科目下设置"应交增值税"明细科目

【要点13】增值税的账务处理（一）（掌握）

业务	账务处理
购进货物、加工修理修配劳务、服务、无形资产或者不动产	借：材料采购/在途物资/原材料/库存商品/生产成本/无形资产/固定资产/管理费用 　　应交税费——应交增值税（进项税额）[已认证可抵扣] 　　　　　　　——待认证进项税额 [未认证可抵扣] 　　贷：应付账款/应付票据/银行存款等

学习心得

【要点14】增值税的账务处理（二）（掌握）

业务	账务处理
购进农产品	计提公式： 进项税额＝农产品收购发票或销售发票上注明的农产品买价×扣除率 借：材料采购/在途物资/原材料/库存商品等 ［买价－进项税额］ 　　应交税费——应交增值税（进项税额）［买价×扣除率］ 　　贷：应付账款/应付票据/银行存款等

学习心得 ---

【要点15】增值税的账务处理（三）（掌握）

业务	账务处理
货物等验收入库但尚未取得增值税扣税凭证	月末按暂估价： 借：原材料/库存商品/固定资产/无形资产 　　贷：应付账款 下月初： 借：应付账款 　　贷：原材料/库存商品/无形资产/固定资产 取得增值税扣税凭证并经认证后： 借：原材料/库存商品/固定资产/无形资产 　　应交税费——应交增值税（进项税额） 　　贷：应付账款/应付票据/银行存款等

【要点 16】 增值税的账务处理（四）（掌握）

业务	账务处理
进项税额转出	企业已确认进项税额的购进货物等，事后改变用途（如用于简易方法计税项目、免征增值税项目、非增值税应税项目等）或发生非正常损失： 借：待处理财产损溢/应付职工薪酬/固定资产/无形资产等 　　贷：应交税费——应交增值税（进项税额转出） 　　　　　　　　——待抵扣进项税额 　　　　　　　　——待认证进项税额

提示 这里所说的"非正常损失"，根据现行增值税制度规定，是指因管理不善造成货物被盗、丢失、霉烂变质，以及因违反法律法规造成货物或不动产被依法没收、销毁、拆除的情形。

【要点17】增值税的账务处理（五）（掌握）

业务	账务处理
购进货物、加工修理修配劳务、服务、无形资产或不动产，用于简易计税方法计税项目、免征增值税项目、集体福利或个人消费等	借：应交税费——待认证进项税额 　　贷：银行存款/应付账款等 借：应交税费——应交增值税（进项税额） 　　贷：应交税费——待认证进项税额 借：库存商品/原材料等 　　贷：应交税费——应交增值税（进项税额转出）

学习心得 --------------------------------------

【要点18】增值税的账务处理（六）（掌握）

业务	账务处理
企业销售货物、加工修理修配劳务、服务、无形资产或不动产	借：应收账款/应收票据/银行存款等 　　贷：主营业务收入/其他业务收入/固定资产清理等 　　　　应交税费——应交增值税（销项税额） 　　　　　　　　——简易计税

学习心得

【要点 19】 视同销售增值税的账务处理 （掌握）

项目	具体内容
视同销售	（1）企业将自产或委托加工的货物用于集体福利或个人消费； （2）将自产、委托加工或购买的货物作为投资提供给其他单位或个体工商户、分配给股东或投资者、对外捐赠等
会计处理	借：长期股权投资/应付职工薪酬/利润分配/营业外支出 　　贷：应交税费——应交增值税（销项税额） 　　　　　　　　　——简易计税

学习心得

【要点20】 交纳增值税等账务处理（掌握）

业务	账务处理
交纳增值税	交纳当月应交的增值税： 借：应交税费——应交增值税（已交税金） 　　贷：银行存款 交纳以前期间未交的增值税： 借：应交税费——未交增值税 　　贷：银行存款
月末转出多交增值税和未交增值税	当月应交未交的增值税： 借：应交税费——应交增值税（转出未交增值税） 　　贷：应交税费——未交增值税 当月多交的增值税： 借：应交税费——未交增值税 　　贷：应交税费——应交增值税（转出多交增值税）

【要点21】小规模纳税人的账务处理（掌握）

业务	账务处理
购进货物、应税服务或应税行为，增值税直接计入相关成本费用或资产	借：原材料 　　贷：银行存款
销售货物、应税服务或应税行为，按不含税的销售额和规定的征收率计算应交增值税	借：银行存款 　　贷：主营业务收入 　　　　应交税费——应交增值税
交纳增值税	借：应交税费——应交增值税 　　贷：银行存款

【要点22】消费税的账务处理（掌握）

业务	账务处理
销售应税消费品	借：税金及附加 　　贷：应交税费——应交消费税
自产自用应税消费品	借：在建工程等 　　贷：应交税费——应交消费税
委托加工应税消费品	（1）直接用于销售的： 借：委托加工物资 　　贷：应付账款/银行存款 （2）收回后用于连续生产应税消费品： 借：应交税费——应交消费税 　　贷：应付账款/银行存款
进口应税消费品	消费税计入物资成本 借：在途物资/材料采购/原材料/库存商品 　　贷：银行存款

【要点 23】 资源税的账务处理 （熟悉）

项目	具体内容
资源税	（1） 对外销售应税产品应交纳的资源税： 借：税金及附加 　　　贷：应交税费——应交资源税 （2） 自产自用应税产品应交纳的资源税： 借：生产成本/制造费用 　　　贷：应交税费——应交资源税

学习心得

【要点24】城市维护建设税、教育费附加的账务处理（熟悉）

项目	具体内容
计提公式	城市维护建设税=（实际交纳的增值税+实际交纳的消费税）×适用税率 教育费附加=（实际交纳的增值税+实际交纳的消费税）×适用税率
会计处理	借：税金及附加 　　贷：应交税费——应交城市维护建设税 　　　　　　　　——应交教育费附加

学习心得 --

【要点25】 土地增值税的账务处理 （熟悉）

业务	账务处理
非房地产开发企业	（1）转让的土地使用权连同地上建筑物及其附着物一并在"固定资产"科目核算： 借：固定资产清理 　　　贷：应交税费——应交土地增值税 （2）土地使用权在"无形资产"科目核算： 借：银行存款 　　累计摊销 　　无形资产减值准备 　　　贷：无形资产 　　　　　应交税费——应交土地增值税处置 　　　　　资产处置损益
房地产开发企业销售房地产	借：税金及附加 　　　贷：应交税费——应交土地增值税

【要点26】 其他税种的账务处理 （熟悉）

税种	账务处理
房产税	借：税金及附加 　　贷：应交税费——应交房产税
城镇土地使用税	借：税金及附加 　　贷：应交税费——应交城镇土地使用税
车船税	借：税金及附加 　　贷：应交税费——应交车船税

【要点27】 长期借款及其账务处理（掌握）

项目	具体内容
核算对象	企业向银行或其他金融机构借入的期限在1年以上（不含1年）的各种借款，一般用于固定资产的购建、改扩建工程、大修理工程、对外投资以及为了保持长期经营能力等方面
会计处理 **取得长期借款**	借：银行存款 　　贷：长期借款——本金
发生长期借款利息	借：在建工程/制造费用/财务费用/研发支出等 　　贷：长期借款——应计利息 按其差额，贷记"长期借款——利息调整"科目。 已过付息期但尚未支付的利息： 借：长期借款——应计利息 　　贷：应付利息

续表

项目		具体内容
会计处理	归还长期借款	(1) 归还本金: 借:长期借款——本金 　　贷:银行存款 (2) 归还利息: 借:应付利息/长期借款——应计利息 　　贷:银行存款

学习心得

【要点 28】应付债券及其账务处理（熟悉）

业务	具体内容	
应付债券发行	企业无论按面值发行，还是溢价发行或折价发行债券	借：银行存款/库存现金（按实际收到的金额） 　　贷：应付债券——面值（按债券票面价值） 借或贷：应付债券——利息调整（实际收到的款项与债券票面金额的差额）
计提利息	采用实际利率法按期计提利息	借：在建工程/制造费用/财务费用/研发支出 　　贷：应付债券——应计利息 借或贷：应付债券——利息调整（按实际利率计算的利息费用与按票面利率计算的"应付债券——应计利息"的差额） 已过付息期但尚未支付的利息： 借：应付债券——应计利息 　　贷：应付利息

续表

业务	具体内容
还本付息	借：应付债券——面值 　　应付债券——应计利息 　　应付利息 　　贷：银行存款 存在利息调整余额的， 借或贷：应付债券——利息调整 　　贷或借：在建工程/制造费用/财务费用/研发支出等

第六章　所有者权益

☞ 掌握所有者权益的定义与特征

☞ 掌握实收资本（或股本）及其账务处理

☞ 掌握留存收益的定义与核算范围

☞ 掌握盈余公积及其账务处理

☞ 掌握未分配利润及其账务处理

☞ 熟悉资本公积及其账务处理

☞ 熟悉其他综合收益的定义、分类及其账务处理

【要点1】所有者权益的特征与来源（掌握）

所有者权益
的特征
{
(1) 除非发生减资、清算或分派现金股利，企业无须偿还
(2) 企业清算时，只有在清偿所有的负债后，所有者权益才返还给所有者
(3) 所有者凭借所有者权益可以参与企业利润的分配
}

所有者权益
的来源
{
所有者投入的资本
{
实收资本（或股本）
资本公积
}

直接计入所有者权益的利得和损失
{
其他权益工具（如优先股、永续债等）
其他综合收益
}

留存收益
{
盈余公积
{
法定盈余公积
任意盈余公积
}
未分配利润
}
}

【要点2】实收资本（或股本）的账务处理——接受投资（掌握）

项目	股份有限公司以外的企业	股份有限公司
科目设置	"实收资本"	"股本"
接受现金资产投资	借：银行存款 　　贷：实收资本 　　　　资本公积——资本溢价	发行股票时： 借：银行存款 　　贷：股本 　　　　资本公积——股本溢价
接受非现金资产投资	借：固定资产/原材料/库存商品/无形资产等 　　应交税费——应交增值税（进项税额） 　　贷：实收资本 　　　　资本公积——资本溢价	借：固定资产/原材料/库存商品/无形资产等 　　应交税费——应交增值税（进项税额） 　　贷：股本 　　　　资本公积——股本溢价

【要点3】接受投资相关账务处理的几个要点（掌握）

项目	具体内容
接受非现金资产投资的入账价值确定	按投资合同或协议约定价值确定（但投资合同或协议约定价值不公允的除外）
股份有限公司发行股票的方式	（1）如果是按面值发行（平价发行），取得的收入全部作为股本处理； （2）如果是溢价发行，取得的收入，等于股票面值的部分作为股本处理，超出股票面值的部分作为股本溢价； （3）我国目前不允许折价发行
发行股票相关的手续费、佣金等交易费用的处理	冲减顺序为资本公积（股本溢价）、盈余公积、未分配利润

【要点4】 实收资本（或股本）的账务处理——追加投资、转增资本（掌握）

项目	股份有限公司以外的企业	股份有限公司
接受投资者追加投资	与投资者初次投入时相同	与投资者初次投入时相同
资本公积转增资本	借：资本公积——资本溢价 　　贷：实收资本	借：资本公积——股本溢价 　　贷：股本
盈余公积转增资本	借：盈余公积 　　贷：实收资本	借：盈余公积 　　贷：股本

提示　资本公积和盈余公积转增资本时，按照投资者各自出资比例增加各投资者的出资额。

【要点5】实收资本（或股本）减少的账务处理（掌握）

项目	股份有限公司以外的企业	股份有限公司
实收资本（或股本）的减少	借：实收资本 　　贷：银行存款等	回购本公司股票： 借：库存股 　　贷：银行存款 注销本公司股票： （1）溢价回购： 借：股本 　　资本公积——股本溢价（溢价回购） 　　盈余公积 　　利润分配——未分配利润 　　贷：库存股 （2）折价回购： 借：股本 　　贷：库存股 　　　　资本公积——股本溢价

提示　1. 如果购回股票支付的价款高于面值总额（溢价回购），注销库存股的账面余额与所冲减股本的差额冲减的顺序依次为资本公积（股本溢价）、盈余公积、未分配利润。如果购回股票支付的价款低于面值总额（折价回购），差额增加"资本公积——股本溢价"。

2. 有限责任公司发还投资直接借记"实收资本""资本公积"等科目，贷记"库存现金""银行存款"等科目。

学习心得

【要点6】资本公积的账务处理（熟悉）

项目	账务处理
资本溢价/股本溢价，以及资本公积转增资本	见本章要点2、要点4、要点5的相关分录
其他资本公积	（1）采用权益法的长期股权投资： 借：长期股权投资——其他权益变动 　　贷：资本公积——其他资本公积 （2）以权益结算的股份支付： ①宣布日： 借：管理费用 　　贷：资本公积——其他资本公积 ②行权日： 借：资本公积——其他资本公积 　　贷：实收资本 　　　　资本公积——资本溢价（或股本溢价）

【要点 7】其他综合收益（熟悉）

项目	内　　容
不能重分类进损益	（1）重新计量设定受益计划变动额。 （2）权益法下不能转损益的其他综合收益。 （3）其他权益工具投资公允价值变动。 （4）企业自身信用风险公允价值变动
可能重分类进损益	（1）权益法下可转损益的其他综合收益。 （2）其他债权投资公允价值变动。 （3）金融资产重分类计入其他综合收益的金额。 （4）其他债权投资信用减值准备。 （5）现金流量套期储备。 （6）外币报表折算差额

【要点8】利润分配的核算（掌握）

项目	账务处理
结转实现的净利润或亏损	借：本年利润 　　贷：利润分配——未分配利润 亏损时作相反处理
提取盈余公积	借：利润分配——提取法定盈余公积 　　贷：盈余公积——法定盈余公积 借：利润分配——提取任意盈余公积 　　贷：盈余公积——任意盈余公积
宣告发放现金股利	借：利润分配——应付现金股利或利润 　　贷：应付股利
将"利润分配"科目所属其他明细科目的余额，转入"未分配利润"明细科目	借：利润分配——未分配利润 　　贷：利润分配——提取法定盈余公积 　　　　　　　　——提取任意盈余公积 　　　　　　　　——应付现金股利或利润

提示   1. 可供分配的利润＝当年实现的净利润（净亏损）＋年初未分配利润（－年初未弥补亏损）＋其他转入

    2. 利润分配顺序依次为：（1）提取法定盈余公积；（2）提取任意盈余公积；（3）向投资者分配利润。

🕙 学习心得 --

【要点9】盈余公积的提取和使用（掌握）

项目	提取依据	提取比例	特殊规定
法定盈余公积	《公司法》规定	10%	（1）累计额已达注册资本的50%时可以不再提取； （2）转增资本时，所留的该项公积金不得少于转增前公司注册资本的25%（新增）
任意盈余公积	股东会或股东大会决议	不限（可超过10%）	—

※ **注意：** 如果以前年度未分配利润有盈余（即年初未分配利润余额为正数），在计算提取法定盈余公积的基数时，不应包括企业年初未分配利润；如果以前年度有未弥补的亏损（即年初未分配利润余额为负数），应先弥补以前年度亏损再提取盈余公积。

【要点 10】 盈余公积的核算（掌握）

项目	账务处理	
提取	法定盈余公积： 借：利润分配——提取法定盈余公积 　　贷：盈余公积——法定盈余公积	任意盈余公积： 借：利润分配——提取任意盈余公积 　　贷：盈余公积——任意盈余公积
用途	盈余公积补亏	借：盈余公积 　　贷：利润分配——盈余公积补亏
	盈余公积转增资本	借：盈余公积 　　贷：实收资本

学习心得

第七章　收入、费用和利润

☞ 掌握收入的定义与分类
☞ 掌握识别合同中的单项履约义务
☞ 掌握履行每一单项履约义务时确认收入
☞ 掌握收入的计量
☞ 掌握费用的核算范围
☞ 掌握营业成本、税金及附加、期间费用
☞ 掌握利润的构成
☞ 掌握营业外收入与营业外支出
☞ 掌握所得税的账务处理
☞ 掌握本年利润的账务处理
☞ 熟悉收入确认与计量的步骤
☞ 熟悉识别与客户订立的合同

☞ 熟悉合同成本

☞ 熟悉特定交易的账务处理

☞ 熟悉暂时性差异及递延所得税

☞ 熟悉应纳税所得额及应交所得税的计算

【要点1】收入的定义与分类（掌握）

	定义	企业在日常活动中形成的、会导致所有者权益增加的、与所有者投入资本无关的经济利益的总流入
分类	主营业务收入	企业销售商品、提供服务等主营业务的收入
	其他业务收入	除主营业务活动以外的其他经营活动实现的收入

学习心得

【要点2】收入确认和计量的步骤（熟悉）

步骤	内容	确认或计量
第一步	识别与客户订立的合同	确认
第二步	识别合同中的单项履约义务	确认
第三步	确定交易价格	计量
第四步	将交易价格分摊至各单项履约义务	计量
第五步	履行各单项履约义务时确认收入	确认

【要点3】识别与客户订立的合同（熟悉）

企业与客户之间的合同应同时满足的五项条件。

序号	内　　容
1	合同各方已批准该合同并承诺将履行各自义务
2	该合同明确了合同各方与所转让商品相关的权利和义务
3	该合同有明确的与所转让商品相关的支付条款
4	该合同具有商业实质，即履行该合同将改变企业未来现金流量的风险、时间分布或金额
5	企业因向客户转让商品而有权取得的对价很可能收回

【要点4】识别合同中的单项履约义务（掌握）

满足下列条件之一的，属于在某一时段内履行的履约义务。

序号	内　　容
1	客户在企业履约的同时即取得并消耗企业履约所带来的经济利益
2	客户能够控制企业履约过程中在建的商品
3	企业履约过程中所产出的商品具有不可替代用途，且该企业在整个合同期间内有权就累计至今已完成的履约部分收取款项

提示　对于单项履约义务，首先应按上述条件判断是否属于在某一时段内履行的履约义务，如果不符合上述条件，则属于在某一时点履行的履约义务。之所以作这样的区分，是因为二者在确认收入时的账务处理不同。

【要点5】在某一时点履行的履约义务收入的确认（一）（掌握）

　　对于在某一时点履行的履约义务，企业应当在客户**取得相关商品控制权**时点确认收入。

判断控制权是否转移时应当综合考虑的迹象	企业就该商品享有现时收款权利，即客户就该商品**负有现时付款义务**
	企业已将该商品的法定所有权转移给客户，即**客户已拥有该商品的法定所有权**
	企业已将该商品实物转移给客户，即客户已**占有**该商品实物
	企业已将该商品所有权上的主要风险和报酬转移给客户，即客户**已取得**该商品所有权上的**主要风险和报酬**
	客户已接受该商品
	其他表明客户已取得商品控制权的迹象

【要点6】在某一时点履行的履约义务收入的确认（二）（掌握）

情形		会计处理
符合收入确认条件		借：银行存款/应收账款/合同资产等 　　贷：主营业务收入/其他业务收入 　　　　应交税费——应交增值税（销项税额） 借：主营业务成本/其他业务成本 　　贷：库存商品
不符合收入确认条件	委托方	发出商品时： 借：发出商品 　　贷：库存商品 收到代销清单、代销手续费发票时： 借：应收账款 　　贷：主营业务收入 　　　　应交税费——应交增值税（销项税额） 借：主营业务成本 　　贷：发出商品

续表

情形		会计处理
不符合收入确认条件	委托方	借：销售费用 　　应交税费——应交增值税（进项税额） 　　　贷：应收账款 收到货款时： 借：银行存款 　　　贷：应收账款
	受托方	收到商品时： 借：受托代销商品 　　　贷：受托代销商品款 对外销售时： 借：银行存款 　　　贷：受托代销商品 　　　　　应交税费——应交增值税（销项税额）

续表

情形		会计处理
不符合收入确认条件	受托方	收到增值税专用发票时： 借：受托代销商品款 　　应交税费——应交增值税（进项税额） 　　贷：应付账款 支付货款和代销手续费时： 借：应付账款 　　贷：银行存款 　　　　其他业务收入 　　　　应交税费——应交增值税（销项税额）

【要点7】在某一时段内履行履约义务收入的确认（掌握）

项目	内　　容
履约进度确定方法	（1）投入法。根据企业为履行履约义务的投入来确定履约进度，即采用投入的材料数量、花费的人工工时、机器工时、发生的成本和时间进度等指标确定履约进度。 （2）产出法。根据已转移给客户的商品对于客户的价值确定履约进度，通常可采用实际测量的完工进度、评估已实现的结果、时间进度、已完工或交付的产品等指标确定履约进度
收入确认方法	（1）在履约进度能合理确定的情况下，资产负债表日，企业按照合同的交易价格总额乘以履约进度扣除以前会计期间累计已确认的收入后的金额，确认当期收入。 （2）如果履约进度不能合理确定，企业已经发生的成本预计能够得到补偿的，应当按照已经发生的成本金额确认收入

提示 1. 实务中，企业通常按照累计实际发生的成本占预计总成本的比例确定履约进度。

2. 对于每一项履约义务，企业只能采用一种方法来确定其履约进度；对于类似情况下的类似履约义务，企业应当采用相同的方法确定履约进度。

 学习心得 ---

【要点8】收入的计量（掌握）

项目	内　　容
交易价格	企业因向客户转让商品而预期有权收取的对价金额，不包括企业代第三方收取的款项和预期将退还给客户的款项
可变对价的情形	折扣、价格折让、返利、退款、奖励积分、激励措施、业绩奖金、索赔等，或者根据一项或多项或有事项的发生而收取不同的对价金额
估计可变对价的方法	（1）期望值，即按照各种可能发生的对价金额及相关概率计算确定的金额；（2）最可能发生金额
分摊交易价格	当合同中包含两项或多项履约义务时，应按照各单项履约义务所承诺商品的单独售价的相对比例，将交易价格分摊至各单项履约义务

 提示

1. 合同中存在可变对价，企业应当对计入交易价格的可变对价进行估计。

2. 可变对价的最佳估计数，不能在两种方法之间随意选择。

3. 发生销售折让，对折让部分冲减收入，但不冲减成本。

【要点9】合同成本（熟悉）

项目	内　容
合同取得成本	(1) 增量成本，指企业不取得合同就不会发生的成本。如果增量成本预期可通过未来的相关服务收入予以补偿，该增量成本应在发生时确认为一项资产，即合同取得成本。 借：合同取得成本 　　贷：银行存款等 对于合同取得成本应采用与该资产相关的商品收入确认相同的基础进行摊销，计入当期损益。 借：管理费用/销售费用等 　　应收账款等 　　贷：合同取得成本 　　　　主营业务收入 　　　　应交税费——应交增值税（销项税额） 为简化实务操作，合同取得成本摊销期限不超过1年的，可以在发生时计入当期损益。 借：管理费用/销售费用等 　　贷：合同取得成本

续表

项目	内　　容
合同取得成本	（2）企业为取得合同发生的、除预期能够收回的增量成本之外的其他支出，例如，无论是否取得合同均会发生的差旅费、投标费、为准备投标资料发生的相关费用等，应当在发生时计入当期损益，除非这些支出明确由客户承担

| 合同履约成本 | 属于《企业会计准则第14号——收入》准则规范范围且同时满足条件确认为资产 | （1）该成本与一份当前或预期取得的合同直接相关；
（2）该成本增加了企业未来用于履行（包括持续履行）履约义务的资源；
（3）该成本预期能够收回 |
| | 直接计入当期损益 | （1）管理费用，除非这些费用明确由客户承担；
（2）非正常消耗的直接材料、直接人工和制造费用（或类似费用），这些支出为履行合同发生，但未反映在合同价格中；
（3）与履约义务中已履行（包括已全部履行或部分履行）部分相关的支出，即该支出与企业过去的履约活动相关；
（4）无法在尚未履行的与已履行（或已部分履行）的履约义务之间区分的相关支出 |

续表

项目		内　容
合同履约成本	账务处理	发生时. 借：合同履约成本 　　贷：银行存款/应付职工薪酬/原材料等 分摊时： 借：主营业务成本/其他业务成本 　　贷：合同履约成本

【要点10】附有销售退回条款的销售（熟悉）

情形	账务处理
销售时	销售时： 借：银行存款/应收账款/合同资产等 　　贷：主营业务收入/其他业务收入【已收入或应收货款扣除估计发生的退货款】 　　　　预计负债【估计发生的退货款】 　　　　应交税费——应交增值税（销项税额）【已收或应收货款应交的增值税】 借：主营业务成本/其他业务成本【发出存货总成本扣除估计退货的成本】 　　应收退货成本【估计退货的成本】 　　贷：库存商品
资产负债表日重新估计未来退货情况	重新估计退货率＞原估计退货率	借：主营业务收入/其他业务收入 　　贷：预计负债【重新估计退货金额与原估计退货金额的差额】 借：应收退货成本【重新估计退货的成本与原估计退货成本的差额】 　　贷：主营业务成本/其他业务成本

续表

情形		账务处理
资产负债表日重新估计未来退货情况	重新估计退货率＜原估计退货率	借：预计负债【重新估计退货金额与原估计退货金额的差额】 　　贷：主营业务收入/其他业务收入 借：主营业务成本/其他业务成本 　　贷：应收退货成本【重新估计退货的成本与原估计退货成本的差额】

提示　　每一资产负债表日估计的未来销售退回情况如有变化，应作为会计估计变更进行会计处理。

【要点 11】 其他特定交易的账务处理 (熟悉)

情形	内　　容
附有质量保证条款的销售	对于客户能够选择单独购买质量保证的，表明该质量保证构成单项履约义务。 对于客户虽然不能选择单独购买质量保证，但如果该质量保证在向客户保证所销售的商品符合既定标准之外提供了一项单独服务的，也应当作为单项履约义务。 作为单项履约义务的质量保证应当进行相应的会计处理，并将交易价格分摊至该项履约义务
附有客户额外购买选择权的销售	如果客户只有在订立了一项合同的前提下才取得了额外购买选择权，并且客户行使该选择权购买额外商品时，能够享受到超过该地区或该市场中其他同类客户所能够享有的折扣，则通常认为该选择权向客户提供了一项重大权利。 对于该项重大权利，企业应当将其与原购买的商品单独区分，作为单项履约义务。 按照各单项履约义务的单独售价的相对比例，将交易价格分摊至各单项履约义务

续表

情形	内 容
附有客户额外购买选择权的销售	对于分摊至重大选择权的交易价格与未来的商品相关，企业应当在客户未来行使该选择权取得相关商品的控制权时，或者在该选择权失效时确认为收入

提示 当回购价格明显高于该商品回购时的市场价值时，通常表明客户有行权的重大经济动因。

学习心得

【要点 12】 费用的核算范围（掌握）

定义	企业日常活动所发生的经济利益的总流出
内容	营业成本、税金及附加、期间费用

学习心得

【要点 13】营业成本（掌握）

内容	会计处理
主营业务成本	结转已销商品或提供服务的成本时： 借：主营业务成本 　　贷：库存商品/合同履约成本等 期末结转时： 借：本年利润 　　贷：主营业务成本
其他业务成本	发生其他业务成本时： 借：其他业务成本 　　贷：原材料/累计折旧/累计摊销/银行存款等 期末结转时： 借：本年利润 　　贷：其他业务成本

【要点14】税金及附加 (掌握)

定义	核算要点
税金及附加指企业经营活动应负担的相关税费	(1) 具体包括：消费税、城市维护建设税、教育费附加、资源税、房产税、城镇土地使用税、车船税、环境保护税、印花税等。 (2) 不包括： ①增值税，单独列示； ②企业所得税，计入所得税费用 账务处理： 借：税金及附加 　　贷：应交税费/银行存款 期末，"税金及附加"的余额转入"本年利润"科目，结转后本科目无余额

提示 企业交纳的印花税，不会发生应付未付税款的情况，不需要预计应纳税金额，同时也不存在与税务机关结算或者清算的问题。因此，企业交纳的印花税不通过"应交税费"科目核算，于购买印花税票时，直接借记"税金及附加"科目，贷记"银行存款"科目。

学习心得

_____

_____

_____

_____

_____

_____

【要点15】期间费用（掌握）

内容	核算内容
管理费用	（1）企业为<u>组织和管理生产经营</u>发生的各种费用。 （2）常见举例。 ①筹建期间发生的开办费。 ②公司经费、行政管理部门负担的工会经费、董事会会费、聘请中介机构费、咨询费（含顾问费）、诉讼费、业务招待费、技术转让费等。 ③企业行政管理部门发生的固定资产日常修理费用等。 ④研究费用、自用无形资产摊销 账务处理： 借：管理费用 　　贷：银行存款 期末，"管理费用"的余额转入"本年利润"科目，结转后本科目无余额

续表

内容	核算内容
销售费用	（1）企业销售商品和材料、提供服务的过程中发生的各种费用。 （2）常见举例。 ①售前：广告费、展览费。 ②售中：销售过程中由销售方承担的保险费、包装费、运输费、装卸费。 ③售后：商品维修费、预计产品质量保证损失。 ④销售本企业商品而专设的销售机构相关的固定资产修理费、职工薪酬、业务费、折旧费等经营费用。 ⑤随同商品出售且不单独计价的包装物 账务处理： 借：销售费用 　　贷：银行存款 期末，"销售费用"的余额转入"本年利润"科目，结转后本科目无余额

续表

内容	核算内容
财务费用	（1）企业为筹集生产经营所需资金等而发生的筹资费用。 （2）常见举例。 ①利息支出（减利息收入）。 ②汇兑损益。 ③相关的手续费
	账务处理： 借：财务费用 　　贷：银行存款等 期末，"财务费用"的余额转入"本年利润"科目，结转后本科目无余额

提示 1. 随同商品出售且不单独计价的包装物的成本记入"销售费用"科目；随同商品出售且单独计价的包装物的成本记入"其他业务成本"科目。

2. 长期借款的利息可以记入"财务费用""在建工程"等科目，即并非所有利息支出均通过"财务费用"科目核算。

3. 管理费用、销售费用、财务费用属于期间费用，属于损益类科目；制造费用属于成本类科目。

【要点16】利润的构成（掌握）

内容	计算公式
营业利润	营业利润＝营业收入－营业成本－税金及附加－销售费用－管理费用－研发费用－财务费用＋其他收益＋投资收益（－投资损失）+净敞口套期收益（－净敞口套期损失）+公允价值变动收益（－公允价值变动损失）－信用减值损失－资产减值损失＋资产处置收益（－资产处置损失）
利润总额	利润总额＝营业利润＋营业外收入－营业外支出
净利润	净利润＝利润总额－所得税费用

 提示　1. 营业利润反映日常业务带来的利润；利润总额反映日常业务和非日常业务带来的利润。

　　2. 对于具体公式的记忆，先要记忆利润总额和净利润公式，剩下的损益类科目影响的均是营业利润。

【要点17】营业外收入与营业外支出（掌握）

内容	核算内容和考点
营业外收入	（1）核算企业确认的与其日常活动无直接关系的各项利得。 （2）常见核算内容。 ①非流动资产毁损报废收益。 ②盘盈利得（主要指现金溢余无法查明原因部分）。 ③捐赠利得。 ④无法支付的应付账款。 ⑤与企业日常活动无关的政府补助
营业外支出	（1）核算企业发生的与其日常活动无直接关系的各项损失。 （2）常见核算内容。 ①非流动资产毁损报废损失。 ②盘亏损失。 ③捐赠支出。 ④罚款支出。 ⑤非常损失等

【要点18】所得税费用（掌握）

内容		核算内容
应交所得税		（1）应交所得税＝应纳税所得额×所得税税率 （2）应纳税所得额＝税前会计利润（利润表：利润总额）＋纳税调整增加额－纳税调整减少额 ①纳税调整增加额：超过企业所得税法规定的职工福利费、工会经费、职工教育经费、业务招待费、公益性捐赠支出、广告费和业务宣传费等，以及已计入当期损失但税法不允许扣除的税收滞纳金、罚款、罚金。 ②纳税调整减少额：前五年内未弥补的亏损、国债利息收入以及符合条件的居民企业之间的股息、红利等权益性投资收益等
暂时性差异	应纳税暂时性差异	资产的账面价值＞计税基础
		负债的账面价值＜计税基础
	可抵扣暂时性差异	资产的账面价值＜计税基础
		负债的账面价值＞计税基础

续表

内容	核算内容
递延所得税	递延所得税＝（递延所得税负债期末余额－递延所得税负债期初余额）－（递延所得税资产期末余额－递延所得税资产期初余额）
所得税费用	所得税费用＝当期所得税＋递延所得税 借：所得税费用 　　　递延所得税资产〔发生额＞0；若发生额＜0，在贷方列示〕 　　贷：应交税费——应交所得税 　　　　递延所得税负债〔发生额＞0；若发生额＜0，在借方列示〕

提示　　所得税费用指的是利润表中的"所得税费用"，这个报表项目的填列不是简单地等于利润总额与所得税税率的乘积，而是先确定应交所得税（具体计算要掌握哪些项目调增、哪些项目调减），再计算递延所得税（只需要明确递延所得税资产、负债发生额的计算即可），最后根据二者之和来填列。

【要点 19】 本年利润的账务处理（掌握）

账务处理	内容
将各损益类科目年末余额结转入"本年利润"科目	（1）结转各项收入、利得类科目的发生额： 借：主营业务收入 　　其他业务收入 　　其他收益 　　公允价值变动损益 　　投资收益 　　营业外收入 　贷：本年利润
	（2）结转各项费用、损失类科目的发生额： 借：本年利润 　贷：主营业务成本 　　　其他业务成本 　　　税金及附加 　　　销售费用

续表

账务处理	内　容
将各损益类科目年末余额结转入"本年利润"科目	管理费用 财务费用 资产减值损失 营业外支出
确认所得税费用	借：所得税费用 　　贷：应交税费——应交所得税
将所得税费用结转入"本年利润"科目	借：本年利润 　　贷：所得税费用
将"本年利润"科目年末余额转入"利润分配——未分配利润"科目	借：本年利润 　　贷：利润分配——未分配利润

学习心得

第八章　财务报告

☞ 掌握财务报告的定义及目标
☞ 掌握财务报表的组成
☞ 掌握资产负债表的内容
☞ 掌握利润表的内容
☞ 熟悉资产负债表的填列
☞ 熟悉利润表项目的填列
☞ 熟悉现金流量表的内容
☞ 熟悉所有者权益变动表的内容

【要点1】财务报告概述（掌握）

项目	内　容
概念	是指企业对外提供的反映企业某一特定日期的财务状况和某一会计期间的经营成果、现金流量等会计信息的文件
组成	财务报告包括财务报表和其他应当在财务报告中披露的相关信息和资料。 一套完整的财务报表至少包括资产负债表、利润表、现金流量表、所有者权益（或股东权益）变动表以及附注（统称"四表一注"）： 资产负债表反映企业在某一特定日期所拥有或控制的经济资源、所承担的现时义务和所有者对净资产的要求权； 利润表反映企业一定期间的经营成果，表明企业运用所拥有的资产的获利能力； 现金流量表反映企业在一定会计期间现金和现金等价物流入和流出的情况； 所有者权益变动表反映构成所有者权益的各组成部分当期的增减变动情况； 附注是对在"四表"等报表中列示项目的文字描述或明细资料，以及对未能在这些报表中列示项目的说明（不可或缺）

【要点 2】 资产负债表的作用与结构原理 （掌握）

项目	内　　容
作用	反映企业在某一特定日期所拥有或控制的经济资源、所承担的现时义务和所有者对净资产的要求权，帮助财务报表使用者全面了解企业的财务状况、分析企业的偿债能力等情况，从而为其作出经济决策提供依据
结构原理	采用账户式结构，分为左右两方：左方为资产项目，大体按资产的流动性强弱排列；右方为负债及所有者权益项目，一般按要求清偿期限长短的先后顺序排列。账户式资产负债表中的资产各项目的合计等于负债和所有者权益各项目的合计，反映了"资产＝负债＋所有者权益"这一内在关系

【要点3】资产负债表填列方法（熟悉）

方法	内　　容
根据总账科目余额填列	（1）根据总账科目余额直接填列。 其他权益工具投资、递延所得税资产、短期借款、应付票据、持有待售负债、递延所得税负债、实收资本、资本公积、其他综合收益、专项储备、盈余公积等。 （2）根据总账科目余额计算填列。 货币资金 = 库存现金 + 银行存款 + 其他货币资金
根据明细账科目余额计算填列	（1）应付账款 = 应付账款明细账贷方余额 + 预付账款明细账贷方余额 （2）"交易性金融资产"项目，应根据"交易性金融资产"科目的相关明细科目的期末余额分析填列
根据总账科目和明细账科目余额分析计算填列	（1）长期借款。 （2）其他非流动资产。 （3）其他非流动负债

续表

方法	内　容
根据有关科目余额减去其备抵科目余额后的净额填列	（1）持有待售资产＝账面余额－持有待售资产减值准备 （2）长期股权投资＝账面余额－长期股权投资减值准备 （3）无形资产＝账面余额－累计摊销－无形资产减值准备 （4）固定资产＝账面余额－累计折旧－固定资产减值准备±固定资产清理 （5）在建工程＝账面余额－在建工程减值准备 （6）应收票据＝期末余额－坏账准备 （7）应收账款＝账面余额－坏账准备 （8）投资性房地产（采用成本模式计量）＝期末余额－投资性房地产累计折旧－投资性房地产减值准备 （9）使用权资产＝期末余额－使用权资产累计折旧－使用权资产减值准备
综合方法	存货＝原材料＋库存商品＋委托加工物资＋周转材料＋材料采购＋在途物资＋发出商品＋合同履约成本±材料成本差异－存货跌价准备－合同履约成本减值准备

【要点4】合同资产和合同负债项目的填列（掌握）

项目	填列方法
合同资产、合同负债	根据"合同资产"科目、"合同负债"科目的相关明细科目期末余额分析填列
	同一合同下的合同资产和合同负债应当以净额列示，其中净额为借方余额的，应当根据其流动性在"合同资产"或"其他非流动资产"项目中填列，已计提减值准备的，还应减去"合同资产减值准备"科目中相关的期末余额后的金额填列
	其中净额为贷方余额的，应当根据其流动性在"合同负债"或"其他非流动负债"项目中填列

【要点 5】其他应收款项目的填列（掌握）

项目	填列方法
其他应收款	反映企业除应收票据、应收账款、预付账款等经营活动以外的其他各种应收、暂付的款项
	根据"应收利息""应收股利"和"其他应收款"科目的期末余额合计数，减去"坏账准备"科目中相关坏账准备期末余额后的金额填列

提示

其他应付款项目应根据"应付利息""应付股利"和"其他应付款"科目的期末余额合计数填列。

【要点6】预收款项项目的填列（掌握）

项目	填列方法
预收款项	反映企业按照合同规定预收的款项 根据"预收账款"科目的期末贷方余额合计数填列。如"预收账款"科目所属明细科目期末为借方余额的，应在资产负债表"应收账款"项目内填列

 提示

新教材中修改了此项目的表述，需着重注意。

学习心得

【要点7】长期应收款、长期应付款项目的填列（掌握）

项目	填列方法
长期应收款	根据"长期应收款"科目期末余额，减去相应"未实现融资收益"科目和"坏账准备"科目所属相关明细科目期末余额后的金额填列
长期应付款	根据"长期应付款"科目和"专项应付款"科目的期末余额减去相关"未确认融资费用"科目期末余额后的金额填列

学习心得 ---

【要点8】 长期待摊费用项目的填列（掌握）

项目	填列方法
长期待摊费用	反映企业已经发生但应由本期和以后各期负担的分摊期限在一年以上的各项费用
	根据"长期待摊费用"科目的期末余额，减去将于一年内（含一年）摊销的数额后的金额分析填列。但长期待摊费用的摊销年限只剩一年或不足一年的，或预计在一年内（含一年）进行摊销的部分，不得归类为流动资产，仍在各该非流动资产项目中填列，**不转入"一年内到期的非流动资产"项目**

 学习心得

【要点9】未分配利润项目的填列（掌握）

项目	填列方法
未分配利润	反映企业尚未分配的利润 根据"本年利润"科目和"利润分配"科目的余额计算填列。未弥补的亏损在本项目内以"－"号填列

学习心得 --

【要点10】利润表的作用、结构原理及编制要求（掌握）

项目	内 容
作用	有助于使用者分析判断企业净利润的质量及其风险，评价企业经营管理效率，有助于使用者预测企业净利润的持续性，从而作出正确的决策
结构原理	表体结构有单步式和多步式两种，我国企业的利润表采用多步式格式。 基本结构主要根据"收入 – 费用 = 利润"这一平衡公式
编制要求	（1）应单独列报的项目主要有营业利润、利润总额、净利润、其他综合收益的税后净额、综合收益总额和每股收益等。 （2）利润表各项目需填列"上期金额"和"本期金额"两栏："上期金额"栏内各项数字，应根据上年该期利润表的"本期金额"栏内所列数字填列；"本期金额"栏内各期数字，除"基本每股收益"和"稀释每股收益"项目外，应当按照相关科目的发生额分析填列

【要点 11】利润表填列方法（熟悉）

项目	填列说明
利润表	(1) 营业收入：主营业务收入 + 其他业务收入。 (2) 营业成本：主营业务成本 + 其他业务成本。 (3) 税金及附加：消费税、城市维护建设税、资源税、土地增值税、教育费附加、房产税、车船税、城镇土地使用税、印花税、环境保护税等。 (4) 销售费用：销售商品过程中的包装费、广告费等为销售商品专设的销售机构的职工薪酬、业务费等。 (5) 管理费用：组织和管理生产经营发生的管理费用。 (6) 研发费用：根据"管理费用"科目下的"研发费用"明细科目的发生额以及"管理费用"科目下"无形资产摊销"明细科目的发生额分析填列。 (7) 财务费用：筹集生产经营所需资金等而发生的应予费用化的利息支出，分为"利息费用"和"利息收入"项目。 (8) 其他收益：反映计入其他收益的政府补助、扣缴税款手续费。 (9) 投资收益：对外投资所取得的收益。 (10) 净敞口套期收益：被套期项目累计公允价值变动、现金流量套期储备转入当期损益的金额。 (11) 公允价值变动收益：计入当期损益的资产或负债的公允价值变动损益。

续表

项目	填列说明
利润表	（12）信用减值损失：计提的各项金融工具信用减值准备所确认的信用损失。 （13）资产减值损失：企业有关资产发生的减值损失。 （14）资产处置收益：企业出售划分为持有待售的非流动资产（金融工具、长期股权投资和投资性房地产除外）或处置组（子公司和业务除外）时确认的处置利得或损失，以及处置未划分为持有待售的固定资产、在建工程、生产性生物资产及无形资产，债务重组中因处置非流动资产产生的利得或损失和非货币性资产交换中换出非流动资产（金融工具、长期股权投资和投资性房地产除外）产生的处置利得或损失。 （15）营业利润。 （16）营业外收入：非流动资产毁损报废收益、与企业日常活动无关的政府补助、盘盈利得、捐赠利得（企业接受股东或股东的子公司直接或间接的捐赠，经济实质属于股东对企业的资本性投入的除外）等。 （17）营业外支出：公益性捐赠支出、非常损失、盘亏损失、非流动资产毁损报废损失等。 （18）利润总额。 （19）所得税费用：企业从当期利润总额中扣除的所得税费用。 （20）净利润。

续表

项目	填列说明
利润表	(21) 其他综合收益的税后净额：未在损益中确认的各项利得和损失扣除所得税影响后的净额。 (22) 综合收益总额：企业净利润＋其他综合收益。 (23) 每股收益：包括基本每股收益和稀释每股收益

提示

印花税在"税金及附加"中核算，关注资产处置收益、营业外收支项目的计算。

学习心得 ....

....

....

....

【要点 12】现金流量表的编制方法（熟悉）

项目	编制方法
现金流量表	企业一定期间的现金流量可分为三类，即经营活动现金流量、投资活动现金流量和筹资活动现金流量
	直接法（工作底稿法）：是以工作底稿为手段，以利润表和资产负债表数据为基础，结合有关科目的记录，对现金流量表的每一项目进行分析并编制调整分录，从而编制出现金流量表的一种方法。 第一步，将资产负债表项目的年初余额和期末金额过入工作底稿中与之对应项目期初数栏和期末数栏。 第二步，对当期业务进行分析并编制调整分录。在调整分录中，有关现金及现金等价物的事项分别记入"经营活动产生的现金流量""投资活动产生的现金流量""筹资活动产生的现金流量"等项目，借记表明现金流入，贷记表明现金流出。 第三步，将调整分录过入工作底稿中的相应部分。 第四步，核对调整分录，借贷合计应当相等，资产负债表项目期初数加减调整分录中的借贷金额以后，应当等于期末数

提示 现金流量表各项目均需填列"本期金额"和"上期金额"两栏。"上期金额"栏根据上一期间现金流量表"本期金额"所列数字填列。

学习心得

【要点 13】所有者权益变动表（熟悉）

项目	内　　　容
作用	（1）为财务报表使用者提供所有者权益总量增减变动的信息和所有者权益增减变动的结构性信息，让报表使用者理解所有者权益增减变动的根源。 （2）有利于分清导致所有者权益增减变动的缘由与责任，对于考察、评价企业一定时期所有者权益的保全状况、正确评价管理当局受托责任的履行情况等具有重要的作用
内容	在所有者权益变动表上，企业至少应当单独列示反映下列信息的项目（重点记忆）： （1）综合收益总额； （2）会计政策变更和差错更正的累积影响金额； （3）所有者投入资本和向所有者分配利润等； （4）提取的盈余公积； （5）实收资本、其他权益工具、资本公积、其他综合收益、专项储备、盈余公积、未分配利润的期初和期末余额及其调节情况

续表

项目	内　容
填列方法	（1）所有者权益变动表"上年金额"栏内各项数字，应根据上年度所有者权益变动表"本年金额"栏内所列数字填列。 （2）所有者权益变动表"本年金额"栏内各项目金额一般应根据资产负债表所有者权益项目金额或"实收资本（或股本）""其他权益工具""资本公积""库存股""其他综合收益""专项储备""盈余公积""利润分配""以前年度损益调整"等科目及其明细科目的发生额分析填列

提示　重点记忆所有者权益变动表中至少应单独列示反映的内容！

【要点14】附注（熟悉）

项目	内　容
作用	（1）对资产负债表、利润表、现金流量表和所有者权益变动表等列示项目含义的补充说明； （2）提供了对资产负债表、利润表、现金流量表和所有者权益变动表中未列示项目的详细或明细说明； （3）使报表使用者全面了解企业的财务状况、经营成果和现金流量以及所有者权益的情况
主要内容	（1）企业简介和主要财务指标； （2）财务报表的编制基础； （3）遵循企业会计准则的声明； （4）重要会计政策和会计估计； （5）会计政策和会计估计变更以及差错更正的说明； （6）报表重要项目的说明； （7）或有和承诺事项、资产负债表日后非调整事项、关联方关系及其交易等需要说明的事项； （8）有助于财务报表使用者评价企业管理资本的目标、政策及程序的信息

提示 企业应在附注中对"遵循了企业会计准则"作出声明。同时,企业不应以在附注中披露代替对交易和事项的确认和计量。

学习心得

第九章 产品成本核算

☞ 掌握基本生产费用的归集和分配

☞ 掌握辅助生产费用的归集和分配

☞ 掌握完工产品和在产品的成本分配

☞ 掌握品种法、分批法的一般程序、具体应用

☞ 熟悉产品成本的定义

☞ 熟悉成本核算对象与核算程序

☞ 熟悉成本项目的设置

☞ 熟悉品种法、分批法、分步法的特点

☞ 熟悉分步法的一般程序、具体应用

【要点1】产品成本核算的要求（熟悉）

要求	具体说明
做好各项基础工作	建立健全各项原始记录，并做好各项材料物资的计量、收发、领退、转移、报废和盘点工作；制定或修订材料、工时、费用的各项定额
正确划分各种费用支出的界限	正确划分以下五个方面的费用界限： （1）正确划分收益性支出和资本性支出的界限； （2）正确划分成本费用、期间费用和营业外支出的界限； （3）正确划分本期成本费用与以后期间成本费用的界限； （4）正确划分各种产品成本费用的界限； （5）正确划分本期完工产品与期末在产品成本的界限。 提示：上述五方面成本费用的划分应当遵循受益原则，即谁受益谁负担、何时受益何时负担、负担费用应与受益程度成正比
根据生产特点和管理要求选择适当的成本计算方法	目前，企业常用的产品成本计算方法有品种法、分批法、分步法、分类法、定额法、标准成本法等

续表

要求	具体说明
遵守一致性原则	企业产品成本核算采用的会计政策和会计估计一经确定，不得随意变更。在成本核算中，各种会计处理方法要前后一致，方法一经确定，应保持相对稳定，不能随意变更
编制产品成本报表	一般应当按月编制产品成本报表，企业可以根据自身管理要求，确定成本报表的具体格式和列报方式

学习心得

【要点2】产品成本核算对象（熟悉）

成本核算对象	适用情形
以产品品种	大批大量单步骤生产产品或管理上不要求提供有关生产步骤成本信息的
以每批或每件产品	小批单件生产产品的
以每种产品及各生产步骤	多步骤连续加工产品且管理上要求提供有关生产步骤成本信息的
多种产品合并	产品规格繁多的，可将产品结构、耗用原材料和工艺过程基本相同的各种产品，适当合并作为成本核算对象

【要点3】产品成本项目（熟悉）

项目	内　　容
直接材料	指构成产品实体的原材料以及有助于产品形成的主要材料和辅助材料。包括原材料、辅助材料、备品配件、外购半成品、包装物、低值易耗品等
燃料及动力	指直接用于产品生产的各种外购和自制的燃料和动力
直接人工	指直接从事产品生产的工人的职工薪酬
制造费用	指企业为生产产品和提供劳务而发生的各项间接费用

【要点4】材料、燃料及动力费用的归集和分配（掌握）

项目		具体内容
归集		（1）分产品领用的材料，可直接计入该产品直接材料成本项目； （2）不能分产品领用的材料（即几种产品共同耗用某种材料的情况），应先按照分配标准进行分配，再计入相关产品直接材料成本项目
分配 计算 公式	通用	费用分配率＝材料、燃料、动力消耗总额÷分配标准之和 某产品应负担的费用＝该产品的分配标准×费用分配率
	消耗定 额较准	某种产品材料定额消耗量＝该种产品实际产量×单位产品材料消耗定额 材料消耗量分配率＝材料实际总消耗量/各种产品材料定额消耗量之和 某种产品应分配的材料费用＝该种产品的材料定额消耗量×材料消耗量分配率×材料单价

【要点5】职工薪酬的归集与分配（掌握）

项目		具体内容
归集		（1）直接进行产品生产的生产工人职工薪酬，记入"直接人工"成本项目； （2）不能直接计入产品成本的职工薪酬，按工时、产品产量、产值比例等进行合理分配
分配计算公式	通用	生产职工薪酬费用分配率＝各种产品生产职工薪酬总额÷各种产品生产工时之和 某种产品应分配的生产职工薪酬＝该种产品生产工时×生产职工薪酬费用分配率
	定额工时比例	某种产品耗用的定额工时＝该种产品投产量×单位产品工时定额 生产职工薪酬费用分配率＝各种产品生产职工薪酬总额÷各种产品定额工时之和 某种产品应分配的生产职工薪酬＝该种产品定额工时×生产职工薪酬费用分配率

【要点6】辅助生产费用的分配（掌握）

分配方法	特点与适用范围	优缺点
直接分配法	(1) 不考虑各辅助生产车间之间互相提供劳务或产品的情况，各辅助生产费用只进行对外分配； (2) 适用于辅助生产内部相互提供产品和劳务不多、不进行费用的交互分配、对辅助生产成本和企业产品成本影响不大的情况	分配一次，计算简单，但分配结果不够准确
交互分配法	辅助生产费用通过两次分配完成： 首先在辅助生产车间进行交互分配，然后再在辅助生产车间以外的各受益单位之间进行分配	优点是提高了分配的正确性，但同时加大了分配的工作量
计划成本分配法	(1) 辅助生产为各受益单位提供的劳务或产品，都按计划单位成本进行分配，实际发生的费用与按计划单位成本分配转出的费用之间的差额采用简化计算方法全部计入管理费用； (2) 适用于辅助生产劳务或产品计划单位成本比较准确的企业	便于考核和分析各受益单位的成本，有利于分清各单位的经济责任，但成本分配不够准确

 提示

辅助生产费用的分配应通过辅助生产费用分配表进行。

【要点7】 制造费用的归集和分配（掌握）

项目		具体内容
制造费用内容		包括物料消耗，车间管理人员的薪酬，车间管理用房屋和设备的折旧费、租赁费和保险费，车间管理用具摊销，车间管理用的照明费、水费、取暖费、劳动保护费、设计制图费、试验检验费、差旅费、办公费以及季节性及修理期间停工损失等。 提示：制造费用项目一经确定，不应任意变更
分配 方法	生产工人工时比例法	较为常用
	生产工人工资比例法	适用于各种产品生产机械化程度相差不多的企业。 说明：如果生产工人工资是按生产工时比例分配，那么该方法实际上等同于生产工人工时比例法
	机器工时比例法	适用于产品生产的机械化程度较高的车间
	按年度计划分配率分配法	特别适用于季节性生产企业

提示 分配方法一经确定，不得随意变更；如需变更，应当在附注中予以说明。

学习心得

【要点8】生产费用在完工产品和在产品之间的分配方法（掌握）

分配方法	基本原理	适用范围
约当产量比例法	将月末在产品数量按其完工程度折算为相当于完工产品的数量参与生产费用的分配，一般按照材料消耗比例或完工程度将月末在产品数量折合成完工产品数量	适用于产品数量较多，各月在产品数量变化也较大，且生产成本中直接材料成本和直接人工等加工成本的比重相差不大的产品
在产品按定额成本计价法	月末在产品成本按定额成本计算，该种产品的全部成本减去按定额成本计算的月末在产品成本，余额作为完工产品成本	适用于各项消耗定额或成本定额比较准确、稳定，而且各月末在产品数量变化不是很大的产品
定额比例法	按照两者的定额消耗量或定额成本比例分配	适用于各项消耗定额或成本定额比较准确、稳定，但各月末在产品数量变动较大的产品

【要点9】产品成本计算的品种法（掌握）

项目	内　容
概念	是指以产品品种作为成本核算对象，归集和分配生产成本，计算产品成本的一种方法
适用	单步骤、大量生产的企业，如发电、供水、采掘等企业
特点	(1) 成本核算对象是产品品种： ①只生产一种产品，全部生产成本可直接计入该产品生产成本明细账的有关成本项目； ②生产多种产品，间接生产成本要采用适当的方法，在各成本核算对象之间进行分配。 (2) 一般定期（每月月末）计算产品成本； (3) 月末一般不存在在产品。 ※ 注意：如果企业月末有在产品，要将生产成本在完工产品和在产品之间进行分配

【要点10】产品成本计算的分批法（掌握）

项目	内　　容
概念	是指以产品的批别作为产品成本核算对象，归集和分配生产成本，计算产品成本的一种方法
适用	单件、小批生产的企业，如造船、重型机器制造、精密仪器制造等，也可用于一般企业中的新产品试制或试验的生产、在建工程以及设备修理作业等
特点	（1）成本核算对象是产品的批别； （2）产品成本的计算是不定期的； ※ 注意：成本计算期与产品生产周期基本一致，但与财务报告期不一致。 （3）在计算月末在产品成本时，一般不存在在完工产品和在产品之间分配成本的问题

【要点11】产品成本计算的分步法（熟悉）

项目	内　　容
概念	是指按照生产过程中各个加工步骤（分品种）为成本核算对象，归集和分配生产成本，计算各步骤半成品和最后产成品成本的一种方法
适用	大量大批的多步骤生产，如冶金、纺织、机械制造等
特点	（1）成本核算对象是各种产品的生产步骤； （2）月末需要将归集在生产成本明细账中的生产成本在完工产品和在产品之间进行分配； （3）除了按品种计算和结转产品成本外，还需要计算和结转产品的各步骤成本。 ※ 注意：如果企业只生产一种产品，则成本核算对象就是该种产品及其所经过的各个生产步骤。其成本计算期是固定的，与产品的生产周期不一致

续表

项目		内　容
结转方法	逐步结转分步法	（1）概念：按照产品加工的顺序，逐步计算并结转半成品成本，直到最后加工步骤完成才能计算产品成本的一种方法； （2）适用：用于分步计算半成品成本的情形
	平行结转分步法	（1）概念：在计算各步骤成本时，不计算各步骤所产半成品的成本，也不计算各步骤所耗上一步骤的半成品成本，而只计算本步骤发生的各项其他成本，以及这些成本中应计入产成品的份额，将相同产品的各步骤成本明细账中的这些份额平行结转、汇总，即可计算出该种产品的产成品成本； （2）适用：用于不需分步计算半成品成本的情形

第十章 政府会计基础

☞ 掌握政府预算会计要素
☞ 掌握政府财务会计要素
☞ 掌握政府会计核算模式
☞ 熟悉收入与支出常见业务的账务处理
☞ 熟悉预算结转结余及分配常见业务的账务处理
☞ 熟悉净资产常见业务的账务处理
☞ 熟悉资产常见业务的账务处理
☞ 熟悉负债常见业务的账务处理

【要点1】政府预算会计要素（掌握）

要素		定义和计量
预算收入		指政府会计主体在预算年度内依法取得的并纳入预算管理的<u>现金流入</u>。预算收入一般在实际收到时予以确认，<u>以实际收到的金额计量</u>
预算支出		指政府会计主体在预算年度内依法发生并纳入预算管理的<u>现金流出</u>。预算支出一般在实际支付时予以确认，<u>以实际支付的金额计量</u>
预算结余		是指政府会计主体预算年度内预算收入扣除预算支出后的资金余额，以及历年滚存的资金余额
	结余资金	指年度预算执行终了，预算收入实际完成数扣除预算支出和结转资金后<u>剩余的资金</u>
	结转资金	指预算安排项目的支出年终尚未执行完毕或者因故未执行，且下年需要按原用途继续使用的资金

会计恒等式：预算收入 – 预算支出 = 预算结余

【要点2】政府财务会计要素（掌握）

要素	项目	内容
资产	定义	指政府会计主体过去的经济业务或者事项形成的，由政府会计主体控制的，预期能够产生服务潜力或者带来经济利益流入的经济资源
	类别	按照流动性，分为流动资产和非流动资产
	确认条件	（1）与该经济资源相关的服务潜力很可能实现或者经济利益很可能流入政府会计主体； （2）该经济资源的成本或者价值能够可靠地计量
	计量属性	历史成本、重置成本、现值、公允价值和名义金额（1元）
	※ **注意**：政府会计主体对资产进行计量，一般应当采用历史成本。采用重置成本、现值、公允价值计量的，应当保证所确定的资产金额能够持续、可靠计量	

要素	项目	内容
负债	定义	指政府会计主体过去的经济业务或者事项形成的，预期会导致经济资源流出政府会计主体的现时义务
	类别	政府会计主体的负债按照流动性，分为流动负债和非流动负债；还可以分为偿还时间与金额基本确定的负债和由或有事项形成的预计负债
	确认条件	（1）履行该义务很可能导致含有服务潜力或者经济利益的经济资源流出政府会计主体； （2）该义务的金额能够可靠地计量
	计量属性	主要包括历史成本、现值和公允价值（注意与资产计量属性的区别）
	※ **注意**：政府会计主体对负债进行计量，一般应当采用历史成本。采用现值、公允价值计量的，应当保证所确定的负债金额能够持续、可靠计量	
净资产	定义	指政府会计主体资产扣除负债后的净额，其金额取决于资产和负债的计量

续表

要素	项目	内容
收入	定义	指报告期内导致政府会计主体净资产增加的、含有服务潜力或者经济利益的经济资源的流入
	确认条件	（1）与收入相关的含有服务潜力或者经济利益的经济资源很可能流入政府会计主体； （2）含有服务潜力或者经济利益的经济资源流入会导致政府会计主体资产增加或者负债减少； （3）流入金额能够可靠地计量
费用	定义	指报告期内导致政府会计主体净资产减少的、含有服务潜力或者经济利益的经济资源的流出
	确认条件	（1）与费用相关的含有服务潜力或者经济利益的经济资源很可能流出政府会计主体； （2）含有服务潜力或者经济利益的经济资源流出会导致政府会计主体资产减少或者负债增加； （3）流出金额能够可靠地计量

续表

要素	项目	内容

会计等式：
　　资产 – 负债 = 净资产（反映财务状况）
　　收入 – 费用 = 本期盈余（反映运行情况）

🕐 学习心得 --

【要点3】政府会计核算模式（掌握）

模式	具体内容	
预算会计与财务会计适度分离	"双功能"	实现预算会计和财务会计双重功能
	"双基础"	预算会计实行收付实现制，国务院另有规定的，从其规定；财务会计实行权责发生制
	"双报告"	政府会计主体应当编制决算报告和财务报告
	提示：政府预算会计和财务会计"适度分离"，并不是要求政府会计主体分别建立预算会计和财务会计两套账，对同一笔经济业务或事项进行会计核算	
预算会计与财务会计相互衔接	要求政府预算会计要素和财务会计要素相互协调，决算报告和财务报告相互补充，共同反映政府会计主体的预算执行信息和财务信息	

【要点4】国库集中支付业务——财政直接支付业务（熟悉）

业务和事项	核算模式	账务处理
收到"财政直接支付入账通知书"时	预算会计	借：行政支出/事业支出等 　贷：财政拨款预算收入
	财务会计	借：库存物品/固定资产/应付职工薪酬/业务活动费用/单位管理费用等 　贷：财政拨款收入

【要点5】国库集中支付业务——财政授权支付业务（熟悉）

业务和事项	核算模式	账务处理
收到"授权支付到账通知书"时	预算会计	借：资金结存——零余额账户用款额度 　　贷：财政拨款预算收入
	财务会计	借：零余额账户用款额度 　　贷：财政拨款收入
按规定支用额度	预算会计	借：行政支出/事业支出等 　　贷：资金结存——零余额账户用款额度
	财务会计	借：库存物品/固定资产/应付职工薪酬等 　　贷：零余额账户用款额度

【要点6】预算管理一体化的相关会计处理（熟悉）

业务和事项	核算模式	账务处理
根据收到的国库集中支付凭证及相关原始凭证	财务会计	借：库存物品/固定资产/业务活动费用/单位管理费用/应付职工薪酬等 　　贷：财政拨款收入（使用本年度预算指标） 　　　　或财政应返还额度（使用以前年度预算指标）
	预算会计	借：行政支出/事业支出等 　　贷：财政拨款预算收入（使用本年度预算指标） 　　　　或资金结存——财政应返还额度（使用以前年度预算指标）

续表

业务和事项	核算模式	账务处理
年末，根据财政部门批准的本年度预算指标数大于当年实际支付数的差额中允许结转使用的金额	财务会计	借：财政应返还额度 　　贷：财政拨款收入
	预算会计	借：资金结存——财政应返还额度 　　贷：财政拨款预算收入

> **提示**　在实行预算管理一体化的地区和部门，国库集中支付不再区分财政直接支付和财政授权支付，单位的会计处理与财政直接支付方式下类似，不再使用"零余额账户用款额度"科目。

【要点7】非财政拨款收支业务——事业（预算）收入（熟悉）

业务和事项		账务处理	
		财务会计	预算会计
采用财政专户返还方式	实现时，按照实际收到或应收的金额	借：银行存款/应收账款等 　　贷：应缴财政款	—
	向财政专户上缴款项时	借：应缴财政款 　　贷：银行存款等	—
	收到从财政专户返还的款项时	借：银行存款等 　　贷：事业收入	借：资金结存——货币资金 　　贷：事业预算收入

续表

业务和事项		账务处理	
		财务会计	预算会计
采用预收款方式	实际收到款项时	借：银行存款等 　贷：预收账款	借：资金结存——货币资金 　贷：事业预算收入
	按合同完成进度确认收入时	借：预收账款 　贷：事业收入	—
采用应收款方式	根据合同完成进度计算本期应收的款项	借：应收账款 　贷：事业收入	—
	实际收到款项时	借：银行存款等 　贷：应收账款	借：资金结存——货币资金 　贷：事业预算收入

提示　　1. 事业活动中涉及增值税业务的，事业收入按照实际收到的金额扣除增值税销项税之后的金额入账，事业预算收入按照实际收到的金额入账。

　　2. 事业单位对于因开展专业业务活动及其辅助活动取得的非同级财政拨款收入，应当通过"事业收入"和"事业预算收入"科目下的"非同级财政拨款"明细科目核算；对于其他非同级财政拨款收入，应当通过"非同级财政拨款收入"和"非同级财政拨款预算收入"科目核算。

学习心得

【要点8】非财政拨款收支业务——捐赠（预算）收入和支出（熟悉）

业务和事项		账务处理	
		财务会计	预算会计
捐赠（预算）收入	接受捐赠的货币资金	借：银行存款/库存现金等 　　贷：捐赠收入	借：资金结存——货币资金 　　贷：其他预算收入—— 　　　　捐赠预算收入
	接受捐赠的存货、固定资产等非现金资产	借：库存物品/固定资产等 　　贷：捐赠收入 　　　　银行存款等（关税费、运输费等）	借：其他支出 　　贷：资金结存——货币资金（关税费、运输费等）
捐赠（支出）费用	对外捐赠现金资产	借：其他费用 　　贷：银行存款/库存现金等	借：其他支出 　　贷：资金结存——货币资金

续表

业务和事项		账务处理	
		财务会计	预算会计
捐赠（支出）费用	对外捐赠库存物品、固定资产等非现金资产	借：资产处置费用 　　贷：库存物品/固定资产	如未支付相关费用，不作账务处理

学习心得 ---

【要点9】财政拨款结转结余（熟悉）

业务和事项	账务处理
结转	（1）年末，将财政拨款收入和对应的财政拨款支出结转入"财政拨款结转"科目
	（2）按照规定从其他单位调入财政拨款结转资金的，按照实际调增的额度数额或调入的资金数额： 预算会计： 借：资金结存 　　贷：财政拨款结转——归集调入 财务会计： 借：财政应返还额度等 　　贷：累计盈余
	（3）年末，冲销有关明细科目余额。将"财政拨款结转——本年收支结转、年初余额调整、归集调入、归集调出、归集上缴、单位内部调剂"科目余额转入"财政拨款结转——累计结转"科目

续表

业务和事项	账务处理
结转	（4）年末，按照有关规定将符合财政拨款结余性质的项目余额转入财政拨款结余，借记"财政拨款结转——累计结转"科目，贷记"财政拨款结余——结转转入"科目
结余	（1）年末，对财政拨款结转各明细项目执行情况进行分析，按照有关规定将符合财政拨款结余性质的项目余额转入财政拨款结余
	（2）经财政部门批准对财政拨款结余资金改变用途，调整用于本单位基本支出或其他未完成项目支出的，按照批准调剂的金额，借记"财政拨款结余——单位内部调剂"科目，贷记"财政拨款结余——单位内部调剂"科目
	（3）年末，冲销有关明细科目余额。将"财政拨款结余——年初余额调整、归集上缴、单位内部调剂、结转转入"科目余额转入"财政拨款结余——累计结余"科目

提示

1. 不参与事业单位的结余分配；

2. 单独设置"财政拨款结转"和"财政拨款结余"科目核算。

【要点 10】非财政拨款结转结余（熟悉）

业务和事项	账务处理
结转	（1）年末，将除财政拨款预算收入、经营预算收入以外的各类预算收入本年发生额中的专项资金收入转入"非财政拨款结转"科目，将行政支出、事业支出、其他支出本年发生额中的非财政拨款专项资金支出转入"非财政拨款结转"科目 （2）按照规定从科研项目预算收入中提取项目管理费或间接费时，按照提取金额： 预算会计： 借：非财政拨款结转——项目间接费用（或管理费） 　　贷：非财政拨款结余——项目间接费用（或管理费） 财务会计： 借：业务活动费用 　　单位管理费用等 　　贷：预提费用——项目间接费用（或管理费）

续表

业务和事项	账务处理
结转	（3）年末，冲销有关明细科目余额。将"非财政拨款结转——年初余额调整、项目间接费用或管理费、缴回资金、本年收支结转"科目余额转入"非财政拨款结转——累计结转"科目。 结转后，"非财政拨款结转"科目除"累计结转"明细科目外，其他明细科目应无余额
	（4）年末，将留归本单位使用的非财政拨款专项（项目已完成）剩余资金转入非财政拨款结余，借记"非财政拨款结转——累计结转"科目，贷记"非财政拨款结余——结转转入"科目
结余	（1）年末，将留归本单位使用的非财政拨款专项（项目已完成）剩余资金转入"非财政拨款结余——结转转入"科目，借记"非财政拨款结转——累计结转"科目，贷记"非财政拨款结余——结转转入"科目

续表

业务和事项	账务处理
结余	(2) 实际缴纳企业所得税时，按照缴纳金额： 预算会计： 借：非财政拨款结余——累计结余 　　贷：资金结存——货币资金 财务会计： 借：其他应交税费——单位应交所得税 　　贷：银行存款等
	(3) 年末，冲销有关明细科目余额。将"非财政拨款结余——年初余额调整、项目间接费用或管理费、结转转入"科目余额结转入"非财政拨款结余——累计结余"科目。 结转后，"非财政拨款结余"科目除"累计结余"明细科目外，其他明细科目应无余额
	(4) 年末，结转结余。 ①事业单位将"非财政拨款结余分配"科目余额转入非财政拨款结余。 科目余额为借方余额的：

续表

业务和事项	账务处理

结余	借：非财政拨款结余——累计结余
	    贷：非财政拨款结余分配
	科目余额为贷方余额的：
	借：非财政拨款结余分配
	    贷：非财政拨款结余——累计结余
	②行政单位将"其他结余"科目余额转入非财政拨款结余。
	科目余额为借方余额的：
	借：非财政拨款结余——累计结余
	    贷：其他结余
	科目余额为贷方余额的：
	借：其他结余
	    贷：非财政拨款结余——累计结余

【要点11】净资产业务（熟悉）

项目	具体内容
本期盈余	（1）核算单位本期各项收入、费用相抵后的余额； （2）期末，单位应当将各类收入科目和各类费用科目本期发生额转入"本期盈余"科目； （3）年末，单位应当将"本期盈余"科目余额转入"本年盈余分配"科目
本年盈余分配	（1）核算单位本年度盈余分配的情况和结果； （2）年末，单位应当将"本期盈余"科目余额转入"本年盈余分配"科目
累计盈余	核算单位历年实现的盈余扣除盈余分配后滚存的金额，以及因无偿调入调出资产产生的净资产变动额。 提示：按照规定上缴、缴回、单位间调剂结转结余资金产生的净资产变动额，以及对以前年度盈余的调整金额，也通过"累计盈余"科目核算

【要点12】资产业务（熟悉）

项目		具体内容
几个共性内容	资产取得	（1）取得的方式包括外购、自行加工或自行建造、接受捐赠、无偿调入、置换换入、租赁等； （2）在取得时**按照成本进行初始计量**，并分别不同取得方式进行会计处理
	资产处置	（1）处置的形式包括无偿调拨、出售、出让、转让、置换、对外捐赠、报废、毁损以及货币性资产损失核销等； （2）单位应当将被处置资产账面价值转销计入资产处置费用，并按照"**收支两条线**"将处置净收益上缴财政
固定资产	定义	是指单位为满足自身开展业务活动或其他活动需要而控制的，使用年限超过1年（不含1年）、单位价值在规定标准以上，并在使用过程中基本保持原有物质形态的资产

项目		具体内容
固定资产	分类	房屋和构筑物、设备、文物和陈列品、图书和档案、家具和用具、特种动植物
	核算	(1) 设置"固定资产""固定资产累计折旧"等科目; (2) 购入需要安装的固定资产,应当先通过"在建工程"科目核算,安装完毕交付使用时再转入"固定资产"科目
	折旧	(1) 固定资产应当按月计提折旧,当月增加的固定资产,当月开始计提折旧;当月减少的固定资产,当月不再计提折旧; (2) 固定资产提足折旧后,无论能否继续使用,均不再计提折旧;提前报废的固定资产,也不再补提折旧; (3) 已提足折旧的固定资产,可以继续使用的,应当继续使用,规范实物管理

【要点13】负债业务（熟悉）

项目		具体内容
应缴财政款	定义	指单位取得或应收的按照规定应当上缴财政的款项，包括应缴国库的款项和应缴财政专户的款项
	核算	设置"应缴财政款"科目核算应缴财政的各类款项。 提示：按规定应缴纳的各种税费，通过"应交增值税""其他应交税费"科目核算，不通过"应缴财政款"科目核算
	会计处理	取得或应收时： 借：银行存款/应收账款等 　　贷：应缴财政款 上缴时： 借：应缴财政款 　　贷：银行存款 提示：应缴财政的款项不属于纳入部门预算管理的现金收支，因此不进行预算会计处理

续表

项目		具体内容
应付职工薪酬	定义	指按照有关规定应付给职工（含长期聘用人员）及为职工支付的各种薪酬
	核算	设置"应付职工薪酬"科目核算应付职工薪酬业务

学习心得

【要点14】政府决算报告（熟悉）

事项	具体内容
定义	是综合反映政府会计主体年度预算收支执行结果的文件
目标	是向决算报告使用者提供与政府预算执行情况有关的信息，综合反映政府会计主体预算收支的年度执行结果，有助于决算报告使用者进行监督和管理，并为编制后续年度预算提供参考和依据
构成	（1）决算报表； （2）其他应当在决算报告中反映的相关信息和资料

【要点15】政府决算报告与政府综合财务报告的主要区别（熟悉）

事项	政府决算报告	政府综合财务报告
编制主体	各级政府财政部门、各部门、各单位	各级政府财政部门、各部门、各单位
反映的对象	政府年度预算收支执行情况	政府整体财务状况、运行情况和财政中长期可持续性
编制基础	收付实现制	权责发生制
数据来源	以预算会计核算生成的数据为准	以财务会计核算生成的数据为准
编制方法	汇总	合并
报送要求	本级人民代表大会常务委员会审查和批准	本级人民代表大会常务委员会备案

【要点 16】 政府财务报告（熟悉）

事项	具体内容
定义	是反映政府会计主体某一特定日期的财务状况和某一会计期间的运行情况和现金流量等信息的文件
目标	是向财务报告使用者提供与政府财务状况、运行情况和现金流量等有关的信息，反映政府会计主体公共受托责任履行情况，有助于财务报告使用者作出决策或者进行监督和管理
构成	（1）按内容： ①财务报表：包括会计报表（资产负债表、收入费用表和净资产变动表）和附注； ②其他应当在财务报告中披露的相关信息和资料。 （2）按编制主体： ①政府部门财务报告：反映本部门的财务状况和运行情况； ②政府综合财务报告：财政部门编制，反映政府整体的财务状况、运行情况和财政中长期可持续性